PROCÈS-VERBAUX

DES SÉANCES DE LA COMMISSION CHARGÉE D'ÉTUDIER LES MODIFICATIONS A INTRODUIRE DANS LA LÉGISLATION RELATIVE AUX ALIÉNÉS.

MEMBRES DE LA COMMISSION :

M. Ernest BERTRAND, *président*.

MM. BARBOUX, docteur BLANCHE, docteur BRIERRE DE BOISMONT, DESJARDINS (Albert), DUBOIS (Georges), GARSONNET, JOZON, docteur LUNIER, docteur MOTET, PAGÈS, PICOT (Georges), VANEY.

MM. RIBOT (Alexandre), BERTRAND (Edmond), DEMONGEOT, GONSE, HELBRONNER, TANON, *secrétaires*.

SÉANCE DU 22 DÉCEMBRE 1871.

Présidence de M. ERNEST BERTRAND, *conseiller à la Cour d'appel de Paris.*

La séance est ouverte à huit heures et demie du soir.

M. LE PRÉSIDENT, après avoir rappelé que la Commission a publié, l'année dernière (*Bulletin*, mars 1870) une étude approfondie sur les législations des pays étrangers, dit que le rôle de la Commission doit être maintenant de rechercher quelles seraient les réformes à introduire dans la loi de 1838. Mais il conviendrait, avant toute discussion, de recueillir les témoignages des membres de la Société ou même d'autres personnes, étrangères à la Société, qui ont pu observer, dans la pratique, comment la loi de 1838 a été appliquée et quels en ont été les résultats. (*Assentiment général.*)

M. VANEY, *substitut du procureur général à Paris*, est invité à déposer :

1. D. — En qualité de membre du parquet du tribunal de la Seine, n'avez-vous pas été chargé d'inspecter les établissements consacrés aux aliénés?

R. — Oui, pendant quatre années.

J'ai constaté que le magistrat inspecteur ne possédait aucuns renseignements sur la situation des aliénés, à l'exception de ceux qui lui sont fournis par le médecin de l'établissement. Dans quelques maisons il existe des dossiers, mais, en général, il est impossible d'apprendre, autrement que par les communications du médecin directeur, les conditions dans lesquelles l'internement a eu lieu. Le magistrat devrait avoir à sa disposition un procès-verbal d'enquête sur les faits qui ont déterminé le placement; cette enquête, faite par le commissaire de police dans un délai très-court après le placement, appuierait le certificat médical. En original ou en copie elle suivrait l'aliéné partout.

2. D. — Les renseignements auxquels vous faites allusion ne se trouvent-ils pas consignés sur les registres tenus dans les établissements?

R. — Les renseignements consignés sur ces registres émanent du médecin. Je voudrais des documents créés hors de sa participation. Ceux-là seuls ne seront pas suspects au public. Il est vrai que la préfecture de police a des dossiers, mais elle ne les communique que par exception.

En ce qui concerne la tenue des registres, je voudrais qu'ils fussent rédigés en termes plus explicites et moins scientifiques. Dans leur forme actuelle, leurs indications sont inintelligibles pour le magistrat; la plupart du temps les annotations mensuelles se réduisent à la mention « *même état* ».

3. D. — N'existe-t-il pas des observations médicales plus détaillées en dehors du registre des établissements?

R. — Pas que je sache, au moins dans les établissements privés. Je voudrais que l'entrée de l'aliéné dans un établissement fût notifiée au parquet aussitôt après le placement. De cette façon le magistrat qui fait l'inspection saurait combien chaque établissement renferme d'aliénés.

4. D. — La loi de 1838 n'est donc pas exécutée, car aux termes d'une de ses dispositions le préfet doit faire cette notification au parquet?

R. — En fait, le parquet n'a jamais pu me fournir la liste des malades traités dans les établissements privés ou publics.

5. D. — Est-ce parce qu'il n'existe pas de registres au parquet?

R. — En fait, il n'en existe pas.

Un très-grand vice de la loi, c'est le manque de relation entre les diverses inspections. Magistrat, médecin, administrateur, agissent isolément les uns des autres et se contredisent sans s'éclairer. Il faudrait constituer une commission permanente avec secrétaires et archives. Alors le fonctionnaire qui fait l'inspection saurait où trouver des documents et des éléments de conviction.

6. D. — Que pensez-vous du principe de la loi de 1838, en ce qui concerne les placements volontaires?

R. — A mon avis, il est bon de laisser au médecin, et au médecin seul, la responsabilité immédiate. Seul il peut être juge de l'état maladif. Mais, dès le placement effectué, il faut qu'un membre de cette commission permanente que je réclame, soit obligé d'aller visiter l'aliéné. S'il ne se produit pas de réclamation, il constatera le placement et les circonstances dans lesquelles il a été fait. En cas de réclamation, il pourra y avoir lieu de saisir la chambre du conseil du tribunal civil. Cette visite sera faite par le membre de la commission qui serait de service pour la semaine.

7. M. Barboux. — Verriez-vous quelque utilité à transférer au chef du parquet les pouvoirs remis actuellement au préfet de police, en ce qui concerne les placements d'office?

R. — J'y verrais plutôt des inconvénients.

8. M. Desjardins. — Ne serait-il pas préférable que les trois membres de la commission permanente fissent la visite ensemble?

R. — Je ne le pense pas.

9. D. — Que pensez-vous de l'organisation actuelle de l'inspection?

R. — Elle est insuffisante; je voudrais confier les inspections trimestrielles à la commission permanente dont j'ai parlé, et qui serait composée d'un médecin nommé par le président de la Cour, d'un médecin désigné par la préfecture et d'un magistrat du parquet.

10. D. — Les inspections que devraient faire d'après la loi le président du tribunal, le maire, etc., sont donc inutiles en fait?

R. — Elles ne fonctionnent pas.

11. D. — Vous est-il arrivé de constater dans l'exercice de vos fonctions quelque atteinte abusive à la liberté individuelle?

R. — Non, jamais.

12. D. — Pensez-vous qu'avec des pouvoirs plus étendus vous en auriez pu constater?

R. — Non. J'ai souvent vu même relaxer des malades dont, à mon avis, l'internement aurait dû être maintenu.

13. D. — Qu'avez-vous constaté dans votre pratique relativement aux sorties?

R. — J'ai vu souvent et avec regret des individus qui avaient commis, dans un accès de manie, des faits ressortissant de la loi pénale, remis en liberté après un séjour de quelques jours dans l'établissement d'aliénés où ils avaient été conduits. Je voudrais qu'ils ne pussent être remis en liberté sans intervention de la justice.

14. D. — Avez-vous rencontré dans vos inspections des aliénés qui, sans être complétement guéris, auraient pu, à votre avis, être remis en liberté?

R. — Non.

15. D. — Avez-vous rencontré des incurables qu'il n'aurait pas été nécessaire d'interner?

R. — Oui. Voici la pratique que j'ai suivie en pareil cas. Après m'être assuré que la famille de l'aliéné était en état de le garder et présentait des garanties suffisantes, si je trouvais le médecin hésitant, je le déterminais par une certaine insistance et en le couvrant de ma responsabilité. Mais s'il ne cédait pas, je ne poussais pas la pression plus loin. J'ai fait remettre ainsi des incurables à leurs familles.

16. D. — Trouvez-vous que la loi protége suffisamment la fortune de l'aliéné interné?

R. — Non. Je voudrais que celui qui place l'aliéné fût tenu de remettre au parquet une déclaration constatant la quotité de la fortune de l'aliéné et la nature de ses biens. Le magistrat serait ainsi en mesure de se livrer aux vérifications nécessaires et, si l'aliéné n'est pas traité comme il convient à sa situation, de provoquer la nomination d'un administrateur provisoire. Mais je n'admets d'administrateur provisoire qu'en cas d'abus constaté.

17. D. — Je suppose le revenu dilapidé par la famille qui gère les biens. Avez vous un moyen de constater l'abus?

R. — Je ne voudrais pas de mesure générale. Dans ma pensée, l'autorité judiciaire ne doit pas intervenir d'une manière préventive. La famille ne doit être dessaisie de l'administration que s'il y a eu faute constatée.

18. M. Jozon. — Vous vous contentez d'une déclaration unique, quelle que soit la durée de l'internement et quelles que soient les modifications survenues relativement à la fortune de l'aliéné?

R. — Oui. Les biens adventices ne peuvent guère lui survenir que par succession, et il lui est toujours nommé en ce cas un tuteur *ad hoc*.

19. D. — En ce qui concerne plus spécialement le département de la Seine, on a pensé qu'au lieu de conduire directement les aliénés dans les établissements, il était préférable de leur faire faire un temps d'épreuve dans une maison d'admission?

R. — Je ne vois à cela aucune utilité.

20. D. — Pensez-vous que les garanties dont vous avez parlé seraient suffisantes, au point de vue de l'opinion publique?

R. — Je voudrais en outre que, lorsque des réclamations se produisent, les médecins, malgré le secret professionnel qui les lie, fussent autorisés à publier les faits. Tout au moins, la commission permanente dont j'ai demandé l'établissement pourrait publier les procès-verbaux de ses inspections régulières. L'opinion publique serait ainsi éclairée.

21. D. — Pensez-vous que la liste des personnes qui, aux termes de la loi de 1838, peuvent demander la sortie soit complète et suffisante?

R. — Oui. — L'existence de la commission permanente dont j'ai déjà parlé serait une garantie de plus. — Elle pourrait, en effet, lorsque la sortie lui paraîtrait devoir être ordonnée, saisir directement la chambre du Conseil. Les magistrats du parquet ont déjà actuellement ce pouvoir. — Mais la commission permanente serait mieux placée pour en user, parce qu'elle aurait sur les aliénés des renseignements complets et serait avec eux dans des rapports permanents et suivis.

22. D. — N'est-il pas arrivé que la préfecture de police, saisie de réclamations ou de demandes de sortie par les inspecteurs qu'elle délègue, n'en a point avisé le parquet?

R. — Il est possible que cela soit arrivé. — L'établissement de la commission permanente rendrait impossibles ces négligences. Les divers inspecteurs d'origine différente se rencontreraient et échangeraient leurs observations. Le ministère public serait donc toujours averti. Ses pouvoirs ne seraient pas augmentés; mais il serait mieux éclairé, aurait tous les éléments de décision et pourrait agir en pleine connaissance de cause.

23. D. — Avez-vous d'autres observations à présenter?

R. — J'ai indiqué d'une manière générale mon sentiment sur les réformes dont la loi de 1838 me paraît susceptible. S'il y a lieu, je répondrai plus tard aux objections qui pourront m'être faites.

•M. ALEXANDRE RIBOT, *substitut au tribunal de la Seine*, est invité à déposer :

24. D. — En votre qualité de substitut au tribunal de la Seine, n'êtes-vous pas chargé d'inspecter les maisons d'aliénés?

R. — Oui, depuis une année.

25. D. — Voulez-vous indiquer de quelle manière se font les inspections?

R. — Depuis plusieurs années la loi est régulièrement observée. Tous les établissements privés sont visités quatre fois et les établissements publics deux fois chaque année. Mais un seul magistrat est chargé de ce service d'inspection et, comme il y a, dans le département de la Seine, onze établissements privés et quatre établissements publics (Charenton, Bicêtre, Sainte-Anne, la Salpêtrière), le nombre des visites que ce magistrat doit faire annuellement s'élève à cinquante-deux. Le nombre des aliénés est d'ailleurs très-considérable, en moyenne de 3,000 environ. Il est donc impossible que le magistrat examine individuellement tous les malades.

26. D. — Le parquet n'est-il pas averti par la préfecture de police de tous les placements qui ont lieu?

R. — Oui, mais dans la pratique ces avertissements sont de pures formalités et l'on n'a pas l'habitude d'en tenir note. Le substitut, chargé de l'inspection, n'a donc en mains aucun document lui indiquant les noms des malades qu'il doit trouver dans chaque maison et les particularités de leur état mental.

27. D. — Les registres, tenus dans les établissements, ne suppléent-ils pas à cette absence de renseignements?

R. — En général les registres sont bien tenus; mais on y trouve rarement des indications sur les antécédents des personnes internées. Les certificats médicaux sont trop laconiques ou rédigés en un langage peu intelligible. Quant aux annotations mensuelles, elles manquent assez souvent, surtout dans les établissements publics. On ne peut considérer comme sérieuse la mention « *même état,* » invariablement reproduite tous les mois, à la suite du nom de chaque malade.

28. D. — Avez-vous eu occasion de constater quelque cas de séquestration arbitraire ?

R. — Non, et je suis convaincu que si des faits de ce genre ont pu se produire, ils ont dû être extrêmement rares. En général, les médecins n'ont d'autre souci que de couvrir leur responsabilité et sont les premiers à appeler notre attention sur les cas qui semblent douteux.

Toutefois, je ne voudrais pas affirmer en conscience que tout abus soit impossible. Cela tient à la manière imparfaite dont se font les inspections. Le magistrat ne voit pas tous les malades ; on le promène dans les salles, cours ou jardins au milieu des aliénés qui vont et viennent. Certains malades peuvent ainsi échapper à sa vue. L'inspection devrait être organisée de telle sorte que chaque malade pût être examiné séparément. En outre, le magistrat devrait être toujours accompagné d'un médecin étranger à l'établissement.

29. D. — Quel serait, à vos yeux, le moyen pratique de corriger les inconvénients que vous signalez ?

R. — Je partage tout à fait l'avis de M. Vaney, relativement à la création d'un comité permanent d'inspection. Peut-être différerais-je d'opinion avec lui sur les détails ; mais, au fond, nous sommes d'accord. Dans l'état actuel, les éléments d'information et de contrôle sont trop divisés.

30. D. — Comment devrait être composé, d'après vous, ce comité d'inspection ?

R. — Le comité serait composé d'un certain nombre de médecins, choisis par l'autorité judiciaire, et d'un nombre égal de magistrats du parquet. Je voudrais en outre faire entrer dans ce comité un ou plusieurs avocats, désignés par le Conseil de l'ordre, un ou plusieurs notaires et avoués désignés par les chambres de discipline, et enfin quelques personnes désignées par le Conseil général.

Les médecins ne devraient jamais se trouver en majorité et recevraient seuls une indemnité.

31. D. — Quels seraient le rôle et les pouvoirs de cette commission ?

R. — Dans les vingt-quatre heures qui suivraient le placement d'une personne dans un asile, la commission, directement avertie par le chef de l'établissement, devrait faire visiter cette personne par deux de ses membres, dont l'un serait pris parmi les médecins. Ces deux membres feraient un rapport écrit et signé sur l'état du malade. La commission aurait le droit d'ordonner la sortie de toute personne dont la séquestration lui paraîtrait inutile.

32. D. — Donneriez-vous à la commission un pouvoir absolu?

R. — Non. J'admettrais que toute décision de la commission ordonnant la sortie d'un malade pût être frappée d'opposition soit par la personne qui a fait le placement, soit par le directeur de l'établissement, soit par le procureur de la République. L'opposition serait jugée par le tribunal, en chambre du Conseil.

33. M. LUNIER. Ne distingueriez-vous pas entre les placements volontaires et les placements d'office?

R. — En cas de placement d'office, je ne voudrais pas que la commission pût ordonner elle-même la sortie. Mais elle pourrait saisir le tribunal par voie de simple requête. Le procureur de la République garderait le droit, qui lui appartient, de s'adresser lui-même directement au tribunal pour faire ordonner la mise en liberté.

34. D. — On a beaucoup attaqué les placements d'office. Pensez-vous que le droit de les ordonner doive être retiré aux préfets?

R. — Cela me paraît impossible; il est nécessaire que l'autorité administrative puisse, d'urgence, prendre des mesures à l'égard des aliénés dangereux. Mais, en aucun cas, les malades ne devraient séjourner au dépôt de la préfecture de police, comme cela se pratique aujourd'hui. Il y a là un abus, contre lequel les familles réclament à juste titre et que la loi de 1838 a d'ailleurs formellement condamné.

35. D. — Dans votre système, comment seraient faites les inspections?

R. — Tout malade, après avoir été visité une première fois dans les vingt-quatre heures après le placement, devrait être l'objet de visites individuelles faites à des intervalles plus ou moins rapprochés. Dans la première année de la maladie, les intervalles ne devraient pas dépasser deux mois. Des visites semestrielles pourraient ensuite être jugées suffisantes.

Je voudrais que toute visite fût faite par deux membres de la commission dont l'un serait un médecin et l'autre serait pris, à tour de rôle, parmi les autres membres de la commission. Il me paraît essentiel de ne jamais séparer ces deux éléments destinés à s'éclairer et à se contrôler mutuellement. Les cas d'aliénation mentale doivent être envisagés sous un double aspect; une personne peut être malade et avoir besoin d'un traitement, sans qu'il soit indispensable de la maintenir dans une maison spéciale. L'appréciation est parfois très-délicate et exige le concours de personnes placées à des points de vue différents.

J'ajoute que les inspecteurs devraient être tenus de consigner par écrit le résultat de leur visite.

36. D. — En Angleterre, les observations des inspecteurs sont

inscrites sur les registres mêmes de l'établissement. Croyez-vous que ce procédé doive être imité?

R. — Je crois que ce procédé a des avantages; mais je tiendrais en outre à ce que les notes des inspecteurs fussent transcrites sur des fiches qu'on joindrait au dossier de chaque malade.

37. D. — En dehors des visites, dont vous venez de parler, ne pourrait-on pas organiser d'autres garanties dans l'intérêt des personnes séquestrées?

R. — Il me semble difficile de trouver une garantie meilleure et plus efficace que celle résultant de l'obligation imposée à tous les membres de la commission de visiter tour à tour chaque aliéné et de recevoir ses réclamations. Si un membre de la commission avait des doutes sur l'état mental d'une personne séquestrée, il ne manquerait pas de saisir la commission qui pourrait ordonner la sortie, sauf à en référer au tribunal en cas d'opposition du directeur de l'établissement ou de la personne qui a fait le placement.

On ne supprimerait pas, bien entendu, le droit qui appartient aujourd'hui à la personne séquestrée, à tous ses parents et même à ses amis de saisir directement le tribunal. Dans la pratique, ce droit ne s'exerce pas assez facilement. On a exigé que la personne séquestrée se fît assister d'un avoué. C'est là une exigence superflue. Le ministère public devrait être tenu de transmettre au tribunal toutes les réclamations qui lui parviennent, sauf à conclure au rejet dans les cas où elles ne lui paraîtraient pas fondées.

Enfin, je serais d'avis de ne pas faire de distinction, à ce point de vue, entre le cas où il y a eu interdiction et celui où l'interdiction n'a pas été prononcée. Dans le premier cas, la loi de 1838 donne au tuteur seul le droit de saisir le tribunal, à l'exclusion des parents de l'interdit. Il peut arriver que le tuteur ait intérêt à maintenir la séquestration, lors même qu'elle serait inutile.

38. D. — Que pensez-vous relativement aux aliénés qui ont commis un crime ou un délit?

R. — L'autorité judiciaire devrait seule être chargée, en pareil cas, d'ordonner le placement et la sortie. Il arrive tous les jours que des personnes, arrêtées pour un crime ou un délit, sont reconnues atteintes de manie et conduites dans un asile. Mais, au bout de quelques jours de traitement, le malade est déclaré guéri et remis en liberté, sans que l'autorité judiciaire soit avertie. Les magistrats sont désarmés; on pourrait citer tel individu qui, sous l'influence de l'alcoolisme, commettait des escroqueries; toujours arrêté, cet individu était toujours relâché après quelques semaines de traitement, puis arrêté de nouveau.

39. — M. Lunier. — Ne pensez-vous pas que des asiles spéciaux devraient être établis pour recevoir les aliénés criminels ?

R. — Sans doute ; mais c'est là une question spéciale qui ne se rattache pas directement à l'examen de la loi de 1838.

40. D. — Qu'avez-vous à dire relativement à la gestion des biens des aliénés ?

R. — A cet égard nos lois sont très-insuffisantes. J'ai plusieurs fois constaté des abus ; ainsi, certaines personnes, ayant une fortune plus ou moins considérable et portant parfois un nom illustre, sont placées dans des asiles où le prix de la pension ne dépasse pas 1,200 francs. En pareil cas, j'ai fait nommer un administrateur provisoire et un curateur à la personne ; mais nous ne sommes avertis, pour ainsi dire, que par hasard. Il faudrait que la commission permanente, dont j'ai parlé, fît faire par l'un de ses membres, au moment du placement, une enquête sur l'état et la composition de la fortune de la personne séquestrée. On verrait, d'après les circonstances, s'il y a lieu de provoquer immédiatement la nomination d'un administrateur ou au contraire de laisser à la famille la gestion provisoire des biens du malade. Après une année, je serais disposé à exiger qu'il fût, dans tous les cas, nommé un tuteur ; le tribunal pourrait être saisi soit par la famille, soit par le ministère public. Je me sépare entièrement sur ce point de l'avis de M. Vancy. Dans la majorité des cas, les familles ne tardent guère à devenir indifférentes au sort de l'aliéné, à le considérer même comme une charge ; la nomination d'un tuteur serait une garantie, parce que l'intervention de l'autorité judiciaire serait nécessairement mise en jeu.

Il faudrait, en outre, obliger soit l'administrateur provisoire, soit le tuteur à présenter tous les ans un compte de sa gestion et un état de la fortune de l'aliéné.

41. D. — A qui ce compte devrait-il être envoyé ?

R. — Dans ma pensée, les comptes annuels devraient être soumis à l'examen de la commission permanente. Toutefois, le rôle de cette commission ne serait pas de les approuver définitivement, mais seulement de signaler les irrégularités ou les fautes qu'elle pourrait découvrir. Le tribunal pourrait, à la diligence du ministère public, ordonner la convocation du conseil de famille et même prononcer la révocation de l'administrateur ou du tuteur.

42. D. — Avez-vous quelque observation à ajouter ?

R. — Non ; mais je demanderai à être entendu de nouveau, après que les autres membres de la commission auront achevé leurs dépositions.

M. le docteur Motet, est invité à déposer :

43. D. — Vous dirigez un établissement privé d'aliénés dans le département de la Seine?

R. — Depuis dix-sept ans, je vis dans un établissement de ce genre.

44. D. — Les conditions exigées pour la création et la gestion des établissements particuliers destinés à recevoir des aliénés vous paraissent-elles réaliser des garanties suffisantes?

R. — Oui, mais je voudrais qu'on ne laissât pas subsister des établissements mixtes renfermant à la fois des personnes atteintes d'aliénation et d'autres qui ne le sont pas.

45. D. — Il est donc encore donné des autorisations pour des établissements de ce genre?

M. Lunier. — Il en existe quelques-uns d'autorisés, et d'autres qui ne le sont pas.

M. Motet. — Il n'y a aucune surveillance possible dans ces établissements, où l'on entre en qualité d'aliéné sans avoir été déclaré tel. Je voudrais qu'on inscrivît dans la loi des pénalités sévères pour prévenir de semblables abus.

46. D. — Pensez-vous qu'il y aurait lieu de prendre des mesures relativement aux aliénés traités à domicile?

R. — Oui. Le traitement de l'aliéné à domicile devrait être soumis à des formalités. Il se produit souvent dans ces conditions des faits de séquestration arbitraire.

47. D. — Vous est-il arrivé de refuser de recevoir une personne qu'on vous présentait comme aliénée, toutes formalités remplies?

R. — Oui, plusieurs fois.

48. D. — Les formalités établies par la loi ne sont donc pas suffisantes, car un médecin inexpérimenté aurait pu admettre dans des cas semblables?

R. — Il faudrait instituer une commission permanente, à laquelle serait remis le certificat, plus détaillé qu'il ne l'est aujourd'hui, car il ne nous donne aucun renseignement précis sur la maladie de l'individu. Le médecin de la commission, s'il avait des doutes, suspendrait son visa et l'on enverrait le médecin de l'administration visiter à domicile.

49. D. — Ne serait-il pas bon que la faculté de délivrer les certificats fût réservée à certains médecins et ne fût pas laissée à tous, même aux médecins de campagne?

R. — Je ne pense pas qu'il soit utile d'établir par ce moyen des classes distinctes parmi les médecins.

50. D. — Ne faudrait-il pas restreindre à certaines personnes, par exemple aux parents, le droit de demander le placement?

R. — Non, l'urgence peut être telle qu'on ne puisse attendre l'arrivée d'un parent. Il nous est arrivé de recevoir un malade atteint du délire de persécution et dans un état très-dangereux pour lui-même. Ce malade était amené par la femme d'un de ses amis; il n'avait de parents qu'un neveu à Marseille. L'urgence était grande. Nous l'avons accepté et nous avons reconnu que nous avions eu raison de l'accepter.

51. D. — Laissez-vous passer facilement les correspondances des malades?

R. — Il est plus simple de les laisser passer que d'essayer de les retenir.

52. D. — Admettez-vous facilement les personnes qui demandent à visiter les malades?

R. — S'il y a danger pour le malade à recevoir la visite, je le fais observer au parent qui désire le voir; s'il insiste, je cède à son désir, croyant sa responsabilité substituée à la mienne.

53. D. — Empêcheriez-vous les visites de personnes étrangères à la famille?

R. — Non, en général. Cependant c'est une question de fait. Si la personne qui a placé le malade me signalait des personnes suspectes, je ne leur permettrais pas de voir le malade.

54. D. — Mais alors la famille peut empêcher de pénétrer jusqu'à l'interné les seules personnes qui peut-être pourraient constater que l'internement est abusif?

R. — Je ne le pense pas.

55. D. — Autorisez-vous les sorties de promenade?

R. — Oui, mais toujours avec des domestiques.

56. D. — Vous serait-il possible de donner sur vos registres des indications plus complètes et moins techniques?

R. — Cela serait très-facile.

M. LUNIER. — Je relève ici une erreur qui s'est glissée dans les dépositions précédentes. Il existe dans les établissements publics, à côté du registre réglementaire, des cahiers d'observations quotidiennes tenus pour chaque malade.

MM. VANEY et RIBOT. — Ces cahiers, ou n'existent pas dans les établissements du département de la Seine, ou sont mal tenus. Nous avons vu le médecin d'un de ces établissements continuer à rédiger des observations sur un aliéné mort depuis plusieurs mois.

57. D. — Est-il vrai que sur les registres des établissements privés

le malade n'est pas désigné par son nom, mais seulement par son numéro?

R. — Le nom figure au recto de la page et l'observation au verso.

58. D. — N'y aurait-il pas utilité à tenir dans les établissements privés les cahiers d'observations tenus dans les établissements publics?

R. — Ces cahiers feraient double emploi avec le registre.

59. D. — N'y a-t-il pas des malades incurables pour lesquels la séquestration devient inutile?

R. — Il serait difficile d'établir un critérium. Tel malade devenu calme dans l'intérieur de l'établissement cessera de l'être dès qu'il sera sorti.

60. D. — Ne pourrait-on pas chercher à s'éclairer par un moyen pratique, par exemple en établissant un état intermédiaire entre la séquestration et la liberté absolue?

R. — M. Artaud, à Lyon, avait eu cette idée; mais le congrès qu'il a convoqué à Lyon pour l'étudier ne l'a pas jugée praticable. Les faits mêmes l'ont condamné, car sur onze aliénés qu'il a fait sortir à titre d'essai, sept ont dû rentrer avant la fin de l'année.

61. D. — Votre opinion sur la nécessité de séquestrer les incurables se réfère aux établissements de Paris et aux personnes habitant Paris?

R. — Certainement. Je me renferme dans les faits qui intéressent ma pratique. Il faut tenir compte du milieu. Il y a souvent à Paris nécessité d'interner des individus qui à la campagne auraient très-bien pu vivre dans leur famille.

62. D. — Comme modification à la loi de 1838, vous voudriez qu'il fût constitué une commission permanente qui remplacerait l'inspection locale?

R. — Oui. Actuellement le parquet seul fait des visites. La commission permanente serait même utile en cas d'interrogatoire à fin d'interdiction. Elle déléguerait son médecin pour assister le magistrat, qui quelquefois se trompe et refuse de considérer comme devant être interdit un aliéné véritable.

63. D. — Connaissez vous des cas où des personnes non aliénées aient été abusivement séquestrées?

R. — Non.

64. D. — Recevez-vous des placements d'office?

R. — Oui, il arrive quelquefois que les aliénés aisés soient placés d'office dans nos établissements, sur la demande de la famille. Mais, si le commissaire de police envoie de son cabinet à la maison de santé, nous ne considérons pas le placement comme d'office, et nous exigeons les formalités prescrites par l'article 8. Son intervention n'est pour nous qu'officieuse. Je pense que le commissaire de police devrait user plus fréquemment des pouvoirs que lui donne l'article 19 de la loi : il attend que des accidents se soient produits.

Quand il agit, il envoie à l'hospice Sainte-Anne et la décision du préfet n'intervient que dans la quinzaine. — Dans le cas de folie évidente le commissaire de police devrait faire constater la folie à son commissariat même par le médecin qui est à sa disposition. Si la famille intervenait, il lui déclarerait qu'il regarde le placement immédiat comme nécessaire et il ferait conduire l'aliéné à l'asile avec l'assistance d'un parent. Alors le placement serait considéré comme volontaire.

65. D. — Connaissez-vous des cas où le placement aurait été fait sans qu'aucun médecin fût intervenu?

R. — Oui. Mais il ne s'en produit plus de semblables. C'est précisément par suite de la circulaire qui a été faite à cette occasion que les commissaires de police n'agissent plus qu'en cas de scandale sur la voie publique. Ils ne s'intéressent qu'à la sécurité publique et ne se préoccupent nullement de celle des individus et des familles.

66. D. — Quelles autres lacunes de la loi vous ont été révélées par les observations faites pendant votre pratique?

R. — Je pense que l'administration des biens donne lieu à beaucoup d'abus graves. — Souvent un malade arrive dans un asile ; sa situation paraît aisée et il est bien installé. Puis au bout de quelque temps, sans cependant que rien d'apparent ait dû modifier son état pécuniaire, on diminue sa pension, on modifie la première installation plus confortable. Souvent même on le transfère dans un autre asile moins coûteux.

J'insiste, comme ceux qui m'ont précédé, sur l'importance qu'il y aurait à créer des asiles spéciaux pour les criminels. Il m'est arrivé, étant délégué avec le docteur Blanche par la justice pour examiner l'état d'aliénés qui avaient commis des crimes, il m'est arrivé, dis-je, de me rendre à l'asile Sainte-Anne et de ne plus trouver l'aliéné, qui avait déjà été mis en liberté. Ces faits s'expliquent par cette circonstance que l'aliéné passe par un trop grand nombre de mains et que les pièces qui le concernent ne le suivent pas. Les asiles où il est conduit ignorent les faits judiciaires qui le concernent. L'accès pendant lequel le crime a été commis se passe, et la sortie est ordonnée. Tout dernièrement encore, une femme qui avait tué son enfant dans un accès de mélancolie est envoyée à

Sainte-Anne. J'étais désigné pour l'expertise avec M. le docteur Blanche.

Peu après l'arrivée à l'asile, l'accès cesse et le bulletin de sortie est envoyé à la préfecture de police. Avant de le signer, le chef de service trouve par hasard une indication de l'expertise ordonnée et suspend la sortie. Lorsque nous arrivâmes près de la malade, un nouvel accès était survenu, et si elle eût été mise en liberté, un nouveau crime eût été peut-être commis. Les aliénés qui ont commis des crimes devraient être spécialement séquestrés, et leur sortie ne devrait pas pouvoir être ordonnée sans que le parquet fût avisé.

67. D. — Verriez-vous des inconvénients à la pratique écossaise qui autorise un ami ou un parent à venir dans l'établissement avec un ou plusieurs médecins pour faire examiner le malade?

R. — Il y aurait à cela de graves inconvénients. Ce serait une cause de désordres. Les personnes que l'on voudrait écarter du malade dans son intérêt, prendraient cette voie détournée pour arriver à lui et nouer des relations qui lui seraient fâcheuses.

M. Lunier. — La loi écossaise dont il vient d'être question a été édictée en vue d'un cas spécial, comme cela arrive parfois en Angleterre; mais des renseignements particuliers me permettent de dire que depuis sa promulgation elle n'a pour ainsi dire jamais été mise à exécution.

La suite des dépositions est renvoyée au mardi 26 décembre.
La séance est levée à onze heures.

Séance du 26 décembre 1871.

Présidence de M. Ernest Bertrand, *conseiller à la Cour d'appel de Paris.*

M. le docteur Blanche est invité à déposer :

68. D. — Vous dirigez à Passy une maison consacrée au traitement des aliénés ?

R. — Oui, depuis 1852.

69. D. — Voudriez-vous expliquer ce que vous pensez du traitement à domicile des aliénés ?

R. — Il n'y a pas pour les véritables aliénés de traitement à domicile proprement dit. Les familles qui ne veulent pas placer leur parent aliéné dans un asile organisent pour lui seul une maison de santé spéciale. Habituellement on loue une maison dans la banlieue, à Auteuil, à Passy, par exemple. On prend des gardiens qui sont des domestiques ou des religieuses, et l'on engage un médecin, car il en faut un qui puisse résider. Ce sont là des frais énormes qui font que ce mode de traitement n'est accessible qu'aux familles riches.

On ne soigne en réalité à domicile que des déments, des imbéciles, des paralytiques que les familles gardent à leurs risques et périls. Encore ne peut-on dire qu'ils soient là en traitement. Le traitement de l'aliéné, en effet, consiste principalement dans l'organisation des moyens propres à garantir sa sécurité et celle des autres. La perfection de ces moyens n'existe jamais dans la famille.

Dans ce mode d'installation, l'un des plus grands abus à redouter de la part des familles, c'est la séquestration. Supposez un aliéné qui ne soit ni dangereux, ni violent, ni même bruyant ; une famille malintentionnée le gardera volontiers afin d'obtenir plus aisément de lui toutes les mesures propres à le ruiner. Elle ne le placera pas dans un asile, parce que là il est protégé par la loi, la justice et l'administration. Les asiles sont donc une garantie très-forte contre la séquestration et les abus qui s'ensuivent.

A domicile, on obtient rarement des gardiens un service efficace. Ils ne sortent pas librement dans les asiles, ce qui est une mesure indispensable. S'ils sortent et ne sont pas soumis à une discipline sévère, ils peuvent rentrer en état d'ivresse. Dans la maison que je dirige, les domestiques ne sortent qu'une fois par mois et, en rentrant, ils ne couchent pas auprès des malades. Les inconvénients provenant du défaut de surveillance possible sur les gardiens sont très-graves et très-nombreux, sans parler de ceux résultant de la différence des sexes qui peuvent être évités, mais qui ne l'ont pas toujours été dans les divers cas de traitement à domicile. Les gardiens peuvent maltraiter les malades; il en est qui ont blessé des aliénés confiés à leur garde.

Si les traitements à domicile sont rares, les traitements dans les maisons religieuses sont nombreux. Il est même des couvents et des maisons religieuses qui sont de véritables asiles. Il en existe notamment à Versailles et à Saint-Germain. On ignore cependant officiellement l'existence de ces établissements. Les magistrats, les maires, les commissaires de police n'y font pas de visites. C'est là que les séquestrations sont à redouter. Le traitement y est souvent fort imparfait.

En résumé, le traitement à domicile n'est possible que pour les familles riches; il n'est pas accessible aux autres. L'ouvrier ne peut surveiller et protéger un père dément ou gâteux. Si on l'oblige à le garder, on lui imposera une charge trop lourde, et on lui inspirera le désir de s'en débarrasser. Ce traitement est dangereux pour tous, riches ou pauvres; il l'est également pour l'aliéné. Il n'y a pas d'aliéné inoffensif. L'aliéné frappe, tue, incendie parfois, et il est toujours incapable de se protéger.

Le traitement à domicile n'offre donc aucune des garanties que donne le traitement dans un asile. Il faudrait, dans tous les cas, prescrire les mêmes mesures de protection pour les aliénés que les familles soignent dans une maison installée exprès pour eux, que pour ceux qui sont dans les vrais asiles.

70. D. — Pensez-vous que la séquestration dans un asile d'une personne non aliénée puisse, en certains cas, déterminer la folie?

R. — On ne connaît aucun cas d'aliénation provenant du placement dans un asile. Ces cas se rencontrent, il est vrai, dans des romans à succès. Mais c'est du pur roman; on n'a jamais cité un fait. Tout au contraire, le résultat le plus ordinaire de l'arrivée dans un asile, c'est un calme momentané pour les malades les plus violents et les plus agités.

Ce n'est pas à dire qu'il n'y ait parfois des inconvénients à placer subitement au milieu des aliénés un malade qui a encore conscience de lui-même. Mais ces inconvénients sont de l'ordre moral plus que de l'ordre pathologique. Ce placement brusque pourra causer au malade une impression morale très-pénible ; il n'occasionnera pas la folie.

Ces inconvénients peuvent être d'ailleurs aisément évités. Il suffit d'établir dans tous les asiles une division spéciale dans laquelle on place les malades à observer pendant un certain temps.

71. D. — Le système de garanties organisé par la loi de 1838 vous paraît-il suffisant ?

R. — La loi de 1838 est bonne. Je n'ai pas eu occasion de constater des inconvénients ni des dangers dans son application. Ce n'est pas à dire qu'on ne puisse et qu'on ne doive y apporter des modifications, qui auront surtout pour but de calmer et de rassurer l'opinion publique. Et alors, les soupçons injustes ayant disparu, les placements n'en deviendront que plus aisés et plus nombreux.

On a parlé souvent de familles cupides spéculant sur les aliénés placés dans les asiles. C'est une erreur. Les familles, au contraire, gardent l'aliéné le plus longtemps possible, soit pour ne pas déclarer la folie, soit pour toute autre raison. L'administration, de son côté, fait le moins de placements possible par des motifs d'économie. On laisse les malades en liberté. On se dit : Il n'arrivera rien. Et cependant que de fois, à la suite de récits de journaux rapportant quelque crime, on lit cette mention significative : Cet homme donnait depuis quelque temps déjà des signes d'aliénation mentale !

72. D. — Quelles garanties nouvelles voudriez-vous en ce qui concerne les placements volontaires ?

R. — Il serait bon de procéder, avant le placement, à l'examen officiel de l'état du malade et aux investigations qui, aujourd'hui, n'ont lieu qu'après. Cette précaution ne causerait pas de retard sérieux ; car les familles qui remarquent dans un de leurs membres un changement de caractère, d'habitudes, d'humeur, se résignent difficilement à y reconnaître des signes de folie. Si le médecin ordinaire du malade est plus clairvoyant, il n'a pas toujours le courage de les détromper. Lorsque enfin il se décide à le faire, on appelle des spécialistes, on demande une consultation ; et c'est sur le certificat d'un ou plusieurs hommes de l'art que le placement s'opère.

73. D. — En Angleterre, il faut l'avis conforme de deux médecins, qui aient procédé séparément à l'examen du malade.

R. — Je ne ferais pas d'objection à ce système ; je crois cependant qu'une consultation éclaire chacun de ceux qui y prennent part, et que l'examen fait de concert donne de meilleurs résultats qu'un examen isolé. Ce qui me paraît une garantie plus sérieuse, c'est l'organisation d'un service central de contrôle, d'une commission mixte, composée de médecins, de magistrats, d'administrateurs, dont le visa, apposé sur le certificat de placement, remplacerait la visite postérieure des médecins de la Préfecture de police. Si la commission, sur le vu du certificat et des motifs allégués, ne se trouvait pas édifiée, elle déléguerait un ou deux de ses membres, un aliéniste notamment, pour présider à une nouvelle consultation.

Il faut d'ailleurs prévoir les cas d'urgence qui exigent le transport immédiat dans une maison de santé. En ce cas, un bulletin, d'une formule spéciale, imprimé, délivré par l'autorité, serait rempli par le directeur de la maison et adressé sur-le-champ à la commission centrale, qui ordonnerait sans délai la vérification. Il serait encore possible d'établir un bureau d'examen et d'observation, où certains malades devraient être d'abord conduits et où la commission les ferait visiter. Certains cas de folie, de *delirium tremens* par exemple, ne laissent aucune trace au bout de quelques heures ; le lendemain ou le surlendemain, il est trop tard pour vérifier l'état mental du malade et la convenance du placement.

74. D. — Quel serait le rôle de cette commission dans les placements d'office ?

R. — C'est à elle qu'il appartiendrait de les ordonner ; et elle offrirait à cet égard une précieuse garantie. Ce sont les placements d'office qui ont ému l'opinion publique ; avant les abus dont l'Empire a donné l'exemple, personne ne réclamait contre la loi de 1838. On a songé à désigner des médecins experts, qui rempliraient le rôle d'arbitres ; je craindrais que cette institution ne provoquât des conflits fréquents entre les médecins de la ville et les médecins qui revêtiraient ainsi un caractère officiel. Un service central, une commission mixte n'auraient pas cet inconvénient.

Ce qui importe avant tout, c'est de supprimer le passage obligatoire des personnes arrêtées comme aliénées par le dépôt de la Préfecture de police. Aujourd'hui, c'est seulement dans des cas exceptionnels que les commissaires de police sont autorisés à les envoyer directement au bureau d'examen de Sainte-Anne. Il faut établir la règle inverse. L'établissement d'un dépôt public d'observation et de surveillance préalable, que nous avons déjà réclamé pour les placements volontaires, faciliterait cette réforme.

75. D. — Le séjour de l'aliéné dans une maison de santé est-il entouré par la loi de garanties suffisantes ?

R. — Les garanties existent dès le jour de l'entrée ; car le bulletin d'entrée même porte une colonne spéciale où doivent être consignées les réclamations du malade. Mais les communications officielles, par l'entremise du commissaire et de la Préfecture de police, entraînent trop de délais. Huit jours s'écoulent le plus souvent avant la constatation légale.

Voilà où serait l'utilité de la commission centrale, chargée de l'examen préalable. Elle centraliserait aussi tous les avis de translation d'une maison à une autre; une déclaration devrait lui être adressée. Enfin elle remédierait à l'ignorance réciproque dans laquelle le parquet et la Préfecture de police se trouvent aujourd'hui des mesures prises par chacune de ces autorités.

76. D. — Que pensez-vous des inspections générales et locales?

R. — Les inspections générales, à Paris, peuvent être considérées comme nulles. En France, elles sont plutôt administratives que médicales; au point de vue médical, le temps qu'on y consacre serait bien insuffisant.

Les inspections locales, confiées aux magistrats, sont très-régulières. On ne saurait dire qu'elles restent infructueuses, surtout quand on ne change pas trop souvent le magistrat chargé de ce service. Mais elles seraient plus utiles si le magistrat était accompagné d'un médecin capable de l'éclairer. Il faut aussi renoncer à l'idée des surprises d'inspection; c'est une illusion pure. Rien ne serait plus facile que de soustraire des sujets à l'inspection. En cas d'absence du malade, le directeur a toujours l'excuse d'une promenade ordonnée par lui, dans l'ignorance où il se trouvait de l'inspection qui devait avoir lieu. Il vaudrait mieux prévenir; au moins, dans ce cas, on serait tenu de représenter tout le monde. Le commissaire de police a le droit aussi d'inspecter, mais il n'en use jamais.

77. D. — Quelle liberté de correspondance laissez-vous aux pensionnaires?

R. — Les réclamations adressées à l'autorité sont toujours transmises et doivent l'être. La correspondance de l'aliéné est libre avec les parents ou amis qui l'ont placé dans l'asile, sauf la faculté pour le directeur d'ouvrir les réponses. Un aliéné appartient à sa famille; les liaisons illicites ne donnent aucun droit qui survive à la perte de la raison. Je me suis toujours refusé aux visites pour lesquelles on invoquait de pareils titres.

Au reste, je me réserve, pour les visites, une liberté complète d'appréciation, même à l'égard des parents, qui sans doute ont le droit de ne pas se soumettre et de retirer leur malade, mais qui sont mauvais juges de l'opportunité de leur démarche.

78. D. — Autorisez-vous les visites des hommes de loi, avocats et avoués?

R. — Sans doute, dans le cas d'une demande adressée à l'autorité judiciaire.

79. D. — En cas de refus de visite, croyez-vous utile qu'il soit prescrit d'en faire mention sur un registre ?

R. — Je ne vois pas de raison pour refuser cette garantie.

80. D. — Comment l'aliéné sort-il de l'asile?

R. — Après guérison, quelquefois ; c'est le cas le plus rare. Il ne faut pas croire que les familles soient portées à prolonger la détention.

81. D. — En cas de guérison. Mais en cas d'incurabilité, les familles n'abusent-elles pas de la faculté du placement, lors même que le traitement a échoué, et que la rentrée de l'aliéné au sein de la société n'offre pas d'autre inconvénient que l'ennui de sa présence?

R. — Je ne puis considérer ce séjour prolongé dans l'asile comme un abus. Je crois qu'il y a grand avantage pour tous les aliénés incurables à y rester, grand péril à en sortir. Ils ne rencontreront jamais dans leurs familles les mêmes soins, la même sécurité, le même bien-être physique et moral. Je sais que dans les asiles publics on renvoie autant que possible les incurables ; c'est une mesure d'économie, devant laquelle reculerait une assistance publique mieux entendue. L'asile est le seul séjour convenable pour un fou.

82. D. — Mais pensez-vous qu'on ait le droit de retenir ainsi un homme qui peut encore se conduire, bien que sa raison soit affaiblie?

R. — Il n'y a pas d'aliéné capable de se conduire. Une simple bizarrerie n'est pas de l'aliénation mentale; en ce cas les familles réclament toujours leur parent, et l'on cède toujours aisément à leurs désirs, quand il est reconnu qu'il n'y a pas de danger.

83. D. — Ainsi vous ne voyez pas d'avantage à rendre les autorisations de placement temporaires, mais d'ailleurs renouvelables ?

R. — La loi de 1838 atteint ce résultat; tous les six mois, l'état du malade est l'objet d'une sorte de révision, tant par les chefs de l'établissement, qui envoient leur bulletin semestriel, que par le médecin de la préfecture de police. Les bulletins sont individuels ; ils énoncent la nécessité du maintien de l'aliéné dans l'asile.

84. D. — Les précautions prises par la loi pour assurer la bonne gestion de la fortune de l'aliéné sont-elles efficaces ?

R. — Elles entraînent des lenteurs bien préjudiciables. La nomination d'un administrateur provisoire devrait avoir lieu dans la semaine qui suit l'admission de l'aliéné. Il faudrait éclairer l'opinion publique et lui faire comprendre que l'interdiction est la meilleure garantie contre les dangers de spoliation. Bien des cas se sont présentés où l'interdiction aurait fait tomber le principal obstacle à la rentrée de l'aliéné dans la société.

85. D.— Les aliénés indigents sont-ils convenablement secourus?

R. — On apporte beaucoup d'entraves au placement, par raison d'économie. Des instructions déplorables ont été données jadis aux commissaires de police; ils suscitent mille difficultés qu'il faudrait aplanir, à Paris surtout, où la proximité des familles logées dans la même maison rend le voisinage de l'aliéné plus dangereux. Une commission mixte n'aurait pas de tels ménagements pour les fonds départementaux.

86. D. — Quelles mesures faudrait-il prendre à l'égard des aliénés convaincus de crime?

R. — Le rapport des médecins experts, qui constatent la folie, fait tomber la culpabilité. Mais aujourd'hui, la conséquence d'un non-lieu ou d'un acquittement, c'est la remise de l'aliéné à l'administration, qui ne prend de mesures que sur un nouvel examen des médecins de la préfecture de police. Ce contrôle est regrettable. Les médecins experts apportent à l'examen dont ils sont chargés un soin scrupuleux, qui devrait exclure la nécessité d'une vérification toujours moins longue. L'administration devrait donc être tenue, sans nouvel examen, de placer l'aliéné dans un asile, dont il ne sortirait que sur l'avis d'un médecin nommé par le tribunal. Les exemples sont nombreux de meurtres commis à la suite d'un élargissement imprudent.

Les médecins des asiles seraient dégagés d'une lourde responsabilité; ils pourraient renvoyer au tribunal les détenus qui les obsèdent de leurs réclamations.

87. D. — En Angleterre, il y a une maison spéciale pour les aliénés dits criminels.

R. — Je n'aime point cette réunion de tous les détenus dans un même asile; elle favorise des préjugés inhumains; il faut qu'on sache qu'un aliéné ne peut être criminel. Je préférerais une division particulière dans chaque asile public, et on ne devrait pas employer le mot criminel.

Mais le défaut de culpabilité n'empêche pas que la société n'ait le droit et le devoir de prolonger indéfiniment la séquestration de l'aliéné qui a commis un crime. Quel médecin peut prendre la responsabilité d'affirmer la guérison? Esquirol a dit que tout aliéné homicide est incurable.

88. D. — Ne pourrait-on pas transférer à l'autorité judiciaire, en cas d'acquittement pour crime, le placement d'office?

R. Sans doute. J'ai même émis l'opinion que cette classe d'aliénés ne devrait être libérée que par décision de justice.

M. LE PRÉSIDENT : Il me reste à vous remercier, au nom de la Commission, de l'intéressante déposition que vous avez bien voulu nous apporter.

M. PAGÈS, *substitut au tribunal de la Seine*, est invité à déposer :

89. D. — N'avez-vous pas été chargé d'inspecter les établissements consacrés aux aliénés ?

R. — Oui, pendant plusieurs années, soit à Paris, soit auparavant en province.

90. D. — La loi de 1838 vous paraît-elle susceptible de recevoir quelques améliorations ?

R. — Il faut réviser et modifier la loi. Elle est assez bonne, mais un peu timide. Elle prescrit comme garantie dernière pour l'aliéné le recours au tribunal. Pourquoi ne pas donner à la justice la mission de prononcer dès le début sur le sort de l'aliéné? C'est à la justice seule qu'il appartient de statuer sur les questions de liberté individuelle.

Il ne s'agit pas de donner au tribunal une sorte de pouvoir préventif qui puisse mettre obstacle aux mesures qu'exigerait la sécurité publique. L'administration conserverait le droit de s'assurer de la personne de l'aliéné. Mais il faut que dans les vingt-quatre heures le tribunal soit saisi par une requête à la chambre du conseil. Cette chambre statuerait définitivement sur le placement. Elle commettrait aussitôt, pour préparer sa décision, des médecins experts qui lui adresseraient leur rapport, et ordonnerait toutes les mesures propres à l'éclairer. Elle pourrait même ordonner le transport auprès de l'aliéné d'un juge et de l'officier du ministère public.

On a objecté le secret que nécessite le placement de l'aliéné ; mais la délibération et la procédure de la chambre du conseil sont secrètes. Il ne faut pas d'ailleurs se préoccuper outre mesure d'une objection de cette nature. Le secret est, en un certain sens, exclusif des garanties qui doivent être recherchées.

On a dit encore que la chambre du conseil serait surchargée. Mais on peut évaluer le nombre de placements à Paris de dix à quinze par jour seulement; et la plupart d'entre eux ne présenteraient aucune difficulté.

Une réforme est évidemment nécessaire. On a accusé, depuis quelque temps déjà et avec une certaine violence, l'administration de subir des influences. Il ne suffit pas que ces reproches ne soient pas fondés. Les lois, en effet, sont bonnes, non pas seulement par leur valeur intrinsèque, mais aussi par l'opinion que l'on en a. C'est à ce point que, si la juridiction de la chambre du conseil ne satisfaisait pas l'opinion, je ne reculerais pas devant l'établissement d'un jury spécial qui pourrait être recruté par l'Académie de médecine, le Conseil de l'ordre des avocats, le Conseil municipal, etc., parmi les conseillers municipaux, les avocats, les médecins.

Le docteur Blanche propose l'institution d'une commission centrale. Mais cette commission ne serait qu'un nouveau rouage, une troisième juridiction qui ne serait point indépendante des deux autres et serait l'objet des mêmes suspicions. Cette commission d'ailleurs, sans initiative et pouvoirs propres, ne serait qu'une superfétation; et elle se bornerait dans la plupart des cas à enregistrer simplement les décisions de l'administration et des médecins de la Préfecture de police.

Il faut que l'intervention de la justice s'exerce dès le début et soit obligatoire. Le recours facultatif à la chambre du conseil organisé par la loi actuelle ne s'exerce pas dans la pratique. Il est illusoire. Des obstacles matériels considérables s'opposent actuellement à ce que les aliénés prennent cette voie. Il y a un ou deux recours par an à la chambre du conseil; et cependant chacun sait que le nombre des réclamations des aliénés qui protestent contre leur placement est très-considérable.

91. D. — Quelles seraient les mesures législatives à prendre à l'égard des aliénés criminels?

R. — Dans l'état actuel de la législation, les aliénés de cette catégorie sont l'objet soit d'une ordonnance de non-lieu, soit d'un arrêt ou d'un jugement qui prononcent leur acquittement. On se borne à les livrer à l'administration. Celle-ci ne les met point, il est vrai, habituellement en liberté; mais on peut citer des asiles d'où des aliénés criminels se sont évadés très-aisément. Il faut qu'une juridiction statue, après le non-lieu ou l'acquittement, sur le placement et les conditions dans lesquelles il doit avoir lieu. Cette juridiction sera la chambre du conseil ou celle des mises en accusation. Ce pourrait être le jury spécial, si ce jury était institué.

92. D. — Comment et par qui devrait être ordonnée la sortie d'un asile?

R. — Je voudrais appliquer jusqu'au bout le principe de l'intervention nécessaire de la justice. Ici encore, c'est la chambre du conseil qui statuerait. Elle statuerait même sur la sortie des aliénés qui auraient été l'objet d'un placement volontaire. Ce ne serait, si l'on veut, alors dans la plupart des cas qu'une formalité; mais il faudrait qu'elle fût remplie. Elle ne serait pas d'ailleurs toujours inutile. Des aliénés qui ont commis des crimes sont parfois l'objet de simples placements volontaires. D'après la loi actuelle, ces aliénés peuvent être mis en liberté sur un simple avis du médecin. On peut citer des exemples de mises en liberté semblables qui ont été funestes.

93. D. — Quelles seraient les modifications à introduire dans la loi relativement à la gestion des biens des aliénés?

R. — Il faudrait que l'aliéné fût pourvu d'un curateur six mois au plus tard après le placement. Cette nomination aurait lieu dans tous les cas, même au cas de minorité ou d'interdiction. Elle serait faite par la chambre du conseil. Le curateur ne serait pas d'ailleurs indépendant : il serait placé sous le contrôle de la Chambre du Conseil et du parquet et devrait rendre ses comptes tous les six mois.

Il est indispensable, en effet, qu'un mandataire spécial soit chargé de veiller à l'amélioration du sort de l'aliéné et à l'emploi de ses revenus. La famille, au début du placement, va voir l'aliéné pendant un, deux, trois mois. Mais bientôt les liens d'affection se relâchent. Le malade devient un objet de dégoût. On l'abandonne; et de là à détourner ses revenus de leur destination il n'y a pas loin.

94. D. — Que pensez-vous des visites et inspections des asiles?

R. — Ce sont là des questions, à mon avis, secondaires. Les garanties sont surtout dans la moralité des directeurs et des médecins; car ils peuvent toujours dissimuler un malade et le soustraire à l'examen.

M. LE PRÉSIDENT : La Commission vous remercie d'avoir bien voulu lui apporter votre témoignage.

La séance est levée à onze heures.

Séance du 6 janvier 1872.

Présidence de M. Ernest Bertrand, conseiller à la Cour d'appel de Paris.

La séance est ouverte à huit heures du soir.
M. le docteur Voisin est invité à déposer :

95. D. — Vous vous occupez du traitement des aliénés?
R. — Je suis attaché en qualité de médecin à l'asile de la Salpêtrière et, dans ma pratique privée, je soigne des aliénés à domicile.

96. D. — Alors vous admettez la possibilité de traiter des aliénés à domicile?
R. — Sur quinze malades que j'ai traités, dix ont dû être mis en état de séquestration, le séjour dans la famille étant devenu impossible. J'ai guéri les cinq autres : deux hommes atteints, l'un, de folie épileptique modérée, l'autre, de folie monomaniaque, et trois femmes atteintes de délire partiel avec idées de suicide. La guérison a été complète. Il importe de remarquer que ces malades vivaient dans une aisance très-modeste. L'une d'elles était la femme d'un petit horloger de province.

97. D. — Il existe donc des maladies mentales qui pourraient dans certaines conditions être traitées à domicile?
R. — Il me paraît impossible d'établir une règle générale. Dans les cas que je viens de citer, le délire partiel présentait ce caractère que le malade ne manifestait aucune haine contre ceux qui l'entouraient. S'il s'était comporté différemment, il eût été impossible de le maintenir dans sa famille. Même parmi les démences séniles et les paralysies, il y a des variétés qui rendent l'isolement nécessaire. Il y a dans mon service à la Salpêtrière des malades atteintes de démence sénile que leur état d'agitation rendrait intolérables et qui parfois mettent le feu. J'ai vu aussi des paralytiques sujets aux mêmes crises et subissant des hallucinations.

98. D. — En cas de traitement à domicile, comment doivent être organisés les soins ?
R. — Il est nécessaire que le malade soit isolé dans la maison qu'il habite et qu'une personne de sa famille veille continuellement près de lui. Il serait difficile actuellement de multiplier les traitements à domicile. Il existe trop peu de médecins possédant des no-

tions suffisantes sur les maladies mentales. L'étude de ces maladies devrait figurer plus effectivement sur le programme des connaissances exigées pour le doctorat en médecine.

99. D. — Ne pensez-vous pas qu'il serait bon que l'autorité fût prévenue chaque fois qu'un aliéné est traité à domicile?

R. — Je voudrais que cet avertissement fût impérativement exigé. Cette obligation ferait disparaître bien des abus. Il y a en ce moment à la Salpêtrière deux religieuses qui ont été conservées en état d'aliénation mentale pendant six ou sept ans dans leur couvent. On les a soumises à des régimes de plus en plus sévères jusqu'à ce qu'enfin, reconnaissant la lutte impossible, on se décidât à les renvoyer. Elles ont été aussitôt placées à la Salpêtrière.

100. D. — Tout le monde est d'avis que dans certains cas la séquestration des aliénés est nécessaire. Mais ne pensez-vous pas que la séquestration en commun peut offrir des dangers?

R. — Non. Dans mon service les malades sont en commun distribuées par petits quartiers. Les agitées s'isolent d'elles-mêmes et ne peuvent subir l'action des autres malades, dont elles ne remarquent pas la présence.

101. D. — La séquestration ne peut-elle pas déterminer l'aliénation véritable d'une personne qu'une certaine exaltation d'esprit aurait fait placer, à tort, dans une maison spéciale?

R. — Cela me paraît impossible; en tout cas, je n'en ai vu aucun exemple.

102. D. — La séquestration en commun provoque-t-elle chez les aliénés des accès de fureur?

R. — Non. Au contraire, les furieux soumis à ce régime se calment rapidement. On a envoyé récemment dans mon service une aliénée furieuse, une pétroleuse qui, au bout de trois jours, était notablement calmée. Quant aux personnes paralytiques, par exemple, qui dans certains cas se trouvent séquestrées avec elles, elles ne subissent aucune influence fâcheuse à raison de ce voisinage. Les hospices civils évacuent quelquefois sur la Salpêtrière des malades encombrantes et incurables, nullement aliénées mais paralytiques ou paraplégiques. Ces transférées n'ont pas subi d'influence contagieuse malgré leur séjour au milieu d'aliénées. Après avoir reconnu la sanité de leur esprit, je n'ai pu les renvoyer; ne sachant où les adresser, il a fallu conserver ces malades. C'est un point que je vous signale et qui appelle une réforme. La responsabilité de ces translations incombe au bureau d'admission, car toutes ces malades avaient passé par Sainte-Anne et arrivaient à la Salpêtrière munies du certificat de ce bureau.

M. le docteur Lunier. — Ces transfèrements ne se font guère que dans ce qu'on appelle les *quartiers d'hospice*. C'est un moyen employé par les commissions administratives des hospices pour mettre certains malades à la charge du département.

103. D. — La séquestration en commun étant admise, pensez-vous que les précautions prises par la loi existante soient suffisantes ?

R. — Oui. Je pense qu'il suffit de deux certificats, l'un délivré par le premier médecin venu, le médecin de la famille, ou celui désigné par le commissaire de police. Le second doit être délivré par un médecin aliéniste commissionné par l'État ou l'administration. Je ne parle que des placements d'office, n'ayant pas dans mon service de placements volontaires.

104. D. — N'avez-vous pas à la Salpêtrière reçu des malades sans certificat de médecin ?

R. — Jamais. L'administration ne devrait pas le tolérer; dans les cas même les plus urgents elle peut envoyer un médecin auprès de l'aliéné. On ne doit pas envoyer un malade dans un établissement sans certificat de médecin.

105. D. — Ce certificat vous paraît-il suffisant ? Ne croyez-vous pas qu'il y aurait lieu de faire passer le malade devant un jury spécial ?

R. — Le certificat du médecin commissionné me semble suffisant pour l'admission. Mais le bureau où réside ce médecin commissionné ne devrait pas être placé, comme il l'est aujourd'hui à Paris, dans l'enceinte d'une prison; et un bureau d'admission doit être indépendant et distinct d'un asile. L'inspection de l'établissement par un médecin de l'administration et par un magistrat me paraît une garantie suffisante en ce qui concerne le maintien du malade à l'établissement. Je ne suis pas partisan des jurys spéciaux. Il ne faut pas perdre de vue que l'aliéné est un malade; les lenteurs qu'entraîneront sa comparution devant un jury peuvent lui être gravement préjudiciables. Un des caractères de l'aliénation mentale, c'est que la personne aliénée ne se rend pas compte de son état; le malade discutera devant le jury, et cette excitation lui sera nuisible. La loi offre d'amples garanties; ce qui me paraît désirable, c'est que les magistrats viennent plus fréquemment dans nos établissements. Il s'écoule quelquefois six, sept mois entre leurs visites; le fait s'est produit encore tout récemment pour mon service.

M. Ribot. — Les visites ont lieu tous les six mois, comme la loi le prescrit.

106. D. — Fait-on des enquêtes sur les antécédents du malade, sur l'historique de sa maladie?

R. — Oui. Au moment où le médecin de la famille ou celui désigné par l'administration délivre le premier certificat, le commissaire de police procède à une enquête. Malheureusement ce document reste déposé à la préfecture de police. Il faut que le médecin aliéniste qui veut en prendre connaissance s'y rende pour recevoir communication du document. C'est évidemment une procédure mauvaise. Le malade arrive devant le médecin qui, pour s'assurer de son état, est obligé de tâtonner. Il faut aborder une série d'idées successives sans pouvoir déterminer les conceptions délirantes. Au contraire, si le médecin avait sous les yeux la notice du malade, il pourrait instantanément, en touchant la note, provoquer chez le malade le délire et établir ainsi plus aisément la nature du mal dont il est atteint. Ces notices accompagnent l'aliéné en province, mais pas à Paris.

107. D. — Dans le service qui vous est confié, vous est il arrivé de remettre en liberté des individus reconnus non aliénés?

R. — Non. Sauf les cas de paralysie dont je vous ai parlé, je n'en ai pas vu. J'ai toujours pu, dans la quinzaine qui suivait leur admission, et avant la délivrance du second certificat, trouver le point malade et faire saillir les conceptions délirantes.

108. D. — Avez-vous des registres tenus régulièrement sur lesquels vous inscrivez les phases successives de la maladie?

R. — Je les tiens moi-même, c'est-à-dire que je dicte à l'élève de service la mention à porter sur le registre. Ces mentions ne sont pas inscrites tous les jours; je ne fais écrire ces observations que lorsque j'y vois un intérêt. Il n'y a donc pas de périodicité régulière.

109. D. — Les magistrats se plaignent de la forme technique de la rédaction des observations; y voyez-vous un intérêt?

R. — Certainement. Le langage scientifique assure seul la précision indispensable pour déterminer la maladie. Le but de ces notes est d'éclairer nos successeurs, ceux qui peuvent après nous ou à notre défaut avoir à traiter le malade.

110. D. — Quelles modifications devraient, à votre avis, être introduites dans les règlements intérieurs?

R. — Je n'en vois qu'une. Je voudrais que les magistrats prévinssent le médecin de leur visite. Ils pourraient d'abord voir ainsi tous les malades, ce qui n'a pas lieu dans la pratique. Les médecins résidents ne sont même pas prévenus des visites des magistrats. Si le médecin était prévenu, il réunirait tous les malades; il' accompagnerait le magistrat. Les explications qu'il donnerait seraient intéressantes et utiles. Les magistrats, pendant ces visites, sont poursuivis de réclamations ; les malades se prétendent tous sains d'esprit, leurs raisonnements peuvent parfois ébranler le magistrat ; le médecin saurait d'un mot provoquer la conception délirante, qui éclairerait immédiatement sur la situation mentale du réclamant.

M. le docteur LUNIER. Sur cette question des visites du magistrat, il est important de distinguer les asiles publics des établissements privés. Dans les premiers le directeur est distinct du médecin ; le premier a la responsabilité des admissions ou des séquestrations ; le médecin, lui, se contente de traiter les malades qu'on met dans son service. Dans les établissements privés, les fonctions administratives sont confondues dans la même personne avec les fonctions médicales. Ici il peut y avoir intérêt à ne pas prévenir le médecin qui est en même temps le directeur.

111. D. — Que pensez vous de la sortie du malade ?

R. — Il y a un grave danger à autoriser les sorties prématurées. Il ne faut pas que le malade sorte trop tôt après sa guérison. Les rechutes sont toujours plus rebelles que la maladie primitive. Malheureusement le médecin est en butte à de pressantes sollicitations. C'est un mari, c'est une mère, une sœur, qui insiste pour faire revenir la malade à peine guérie. Je tiens pour très-dangereuses les mises en liberté opérées immédiatement après la cessation des phénomènes maladifs. Chez l'aliéné, et mon expérience s'applique spécialement aux femmes, la guérison se caractérise par une confiance entière, un abandon complet dans le médecin. Elle le laisse seul juge du moment opportun de la sortie. Les malades qui sortent guéries complétement conservent de la reconnaissance pour les soins dont elles ont été l'objet, elles reviennent voir le médecin ; jamais une malade retirée après guérison imparfaite, ou dont la sortie prématurée est due à des sollicitations de famille, ne revient à l'asile. J'ai en ce moment dans mon service des malades que j'ai eu le bonheur de guérir, je les conserve encore, j'attends pour les laisser sortir.

112. D. — Que pensez-vous des *quartiers de transition ?*

R. — Ce serait une chose excellente. Je n'en connais pas dans les établissements ; mais il existe depuis quarante ans une société de patronage à Grenelle qui rend de très-grands services. Cette société, fondée par MM. Baillarger, Falret et de Larochefoucauld, consiste en une sorte d'ouvroir pour les femmes. Il n'y a pas, je crois, d'établissement analogue pour les hommes.

113. D. — Y aurait-il quelque utilité à ce que les aliénés sortissent à titre d'essai et fussent alors traités à domicile pendant une

certaine période de temps? Cela se passe ainsi en Angleterre par une application de la loi des pauvres.

R. — Cette mesure serait très-utile. Les aliénés, au sortir des asiles, ont perdu leurs relations et leurs appuis; ils ont souvent besoin d'aide et de protection.

114. D. — Croyez-vous qu'il soit utile de maintenir dans les asiles les aliénés incurables?

R.— Les aliénés incurables sont ou des déments, ou des idiots, ou des paralytiques, ou des épileptiques. Certains idiots peuvent être laissés en liberté, mais seulement en province. Pour les femmes idiotes, il est toujours nécessaire de les séquestrer à cause de leurs penchants sensuels.

Beaucoup de déments doivent être séquestrés. Ils crient, déchirent ce qu'ils trouvent et frappent ceux qui les entourent. Les paralytiques généraux ne peuvent être traités à domicile. Ils sont dans une agitation incessante, et même dans des familles très-aisées on a dû renoncer à les conserver.

J'ai pu parfois traiter à domicile des épileptiques aliénés ; mais dans la plupart des cas, je considère la séquestration comme nécessaire. On peut parfois laisser chez eux les aliénés chroniques ; mais c'est la minorité. J'en connais plusieurs en cet état qui mettent à la torture ceux qui les entourent.

M. HELBRONNER. — Cependant vous nous disiez que la séquestration et la société avec les aliénés, qui en est la conséquence, était sans danger pour les personnes saines d'esprit comme pour les aliénés eux-mêmes.

R. — Il en est autrement d'une personne qui n'a pas directement à souffrir de l'aliénation de ses compagnons et de celle qui soigne constamment un aliéné et doit supporter sans relâche les tortures qu'imposent les aliénés à leurs familles.

M. PAGÈS. — L'idiot et le dément, même réputés tranquilles, ne peuvent-ils pas devenir tout à coup dangereux?

R. — Effectivement. Des idiots souvent entrent en fureur, poussent des cris et battent ceux qui les entourent.

M. PAGÈS.— Les idiots ne sont-ils pas souvent entraînés par leurs appétits sensuels à des actes de viol ou à des attentats à la pudeur?

R. — Très-souvent en effet. A Bicêtre, lorsque j'y suis arrivé, les actes contre nature étaient excessivement fréquents. Certains idiots abusaient de leurs compagnons et surtout de ceux qui ne pouvaient parler, les aphasiques. Je suis arrivé cependant à mettre fin à ces faits qui se produisent parfois dans les grands services.

115. D. — Que pensez-vous de l'organisation actuelle du service,

en ce qui concerne les aliénés qui ont été prévenus de crimes ou de délits, ou ont été condamnés pour faits antérieurs à leur aliénation ?

R. — A Bicêtre, ils sont placés dans un quartier spécial. Leur sortie ne peut avoir lieu sans l'intervention de la préfecture de police.

116. D. — Avez-vous dans votre service des aliénés qui y soient depuis longtemps ?

R. — Certains y sont depuis quarante ans.

M. Ribot. — Connaissez-vous des cas où l'on ait fait sortir trop tôt des aliénés par raison d'économie ?

R. — Jamais l'administration ne m'impose de sorties. Elle me demande parfois des renseignements et je donne mon certificat.

M. Ribot — Ne pensez-vous pas que l'on use avec trop de discrétion du droit de faire des placements d'office ?

R. — Je l'ignore; mais depuis quelque temps on envoie à mon service un plus grand nombre de malades curables.

M. LE PRÉSIDENT. — Je vous remercie, au nom de la commission, des renseignements que vous avez bien voulu lui communiquer.

M. DAGONET, *médecin en chef de la division des hommes à l'asile Sainte-Anne*, est invité à déposer :

117. D. — N'avez-vous pas été médecin en chef d'un asile départemental, avant d'être appelé à Paris ?

R. — J'ai exercé pendant dix-sept ans les fonctions de médecin en chef de l'asile du Bas-Rhin.

118. D. — Que pensez-vous de la loi de 1838 ?

R. — J'ai rédigé par écrit mes observations sur les réformes dont cette loi me semble susceptible. Ne puis-je pas donner lecture de ces observations ?

M. LE PRÉSIDENT. — Nous n'y voyons aucun inconvénient.

M. DAGONET, *lisant :*

La loi sur les aliénés s'est proposé un double but : protéger l'individu atteint d'aliénation mentale, sauvegarder ses intérêts, le faire soigner, le faire guérir autant que cela est possible, et d'autre part protéger les intérêts de la société dont la sécurité pourrait être gravement compromise par les actes inconscients du malheureux frappé d'aliénation.

C'est dans cette intention que la loi a prescrit certaines dispositions légales qui ont été l'objet, dans ces derniers temps, des récriminations les plus malveillantes et des critiques les plus injustes.

Nul plus que nous n'est disposé à reconnaître le mérite de cette législation et ses aspirations généreuses, et malgré cela nous sommes tout prêt à nous ranger du côté de l'opinion générale et à demander la révision de la loi sur quelques points essentiels non-seulement au point de vue du malade et à celui de la société, mais encore au point de vue même du médecin aliéniste dont la dignité et la considération ont trop souvent à souffrir par suite de la responsabilité qu'on lui impose et dont, après tout, il n'a que faire. Les médecins ne devraient pas avoir ni à décider ni à provoquer les placements dans les asiles : ils doivent leurs soins aux malades, leurs conseils aux familles et à l'autorité qui les réclament; leur mission, et elle est suffisamment importante, doit s'arrêter là.

La magistrature devrait, suivant nous, intervenir d'une manière plus large sous ce rapport, et après avoir elle-même consenti, approuvé le placement du malade dans la maison de santé, elle ne devrait plus le perdre de vue de manière à être toujours en mesure de garantir et de sauvegarder ses intérêts de toutes sortes. Le médecin, dont l'expérience et les lumières seront toujours mises à contribution, ne saurait que gagner à l'adoption d'une semblable mesure.

Deux articles dominent en quelque sorte la loi ; ils en forment la base, le principe fondamental : l'article 8 qui concerne les placements, l'article 4 qui s'occupe de la surveillance des établissements d'aliénés.

Nous en examinerons rapidement les dispositions principales.

Les placements volontaires comme ceux qui sont ordonnés par l'autorité, et que l'on désigne sous le nom de placements d'office, ont été de la part du législateur l'objet de prescriptions réglementaires nombreuses, dans le but d'entourer la liberté individuelle de toutes les garanties désirables.

Ces dispositions réglementaires imposées par la loi ne paraissent pas avoir donné une légitime satisfaction à l'esprit public et nous croyons, nous aussi, qu'il serait utile d'apporter de ce côté une modification importante, mais à la condition qu'elle fût elle-même aussi pratique que possible, et qu'elle ne vînt pas nuire ni aux intérêts bien entendus des malades, ni à ceux des familles qui réclament la plus entière discrétion, ni aux intérêts légitimes de la société, dont la sécurité serait à chaque instant gravement compromise si l'autorité venait à être désarmée et si elle ne pouvait intervenir par une action prompte et efficace.

En vertu de l'article 8, le certificat d'un médecin constatant l'état mental suffit pour placer le malade dans un établissement d'aliénés.

Le médecin n'a dans ce cas ni à rechercher les mobiles en vertu desquels se font les placements, ni à s'immiscer dans les affaires de famille; cela ne le regarde pas, et d'ailleurs, dans la grande majorité des cas, cette recherche lui est impossible; il n'a qu'à constater le trouble intellectuel de celui qui est soumis à son examen.

Les placements ordonnés par l'autorité publique en vertu de l'article 18 sont faits par les préfets dans les départements et à Paris par le préfet de police, lorsque l'état mental compromet l'ordre ou la sûreté des personnes; le plus souvent l'autorité exige le certificat d'un médecin; quelquefois même un certificat de notoriété publique lui suffit.

L'absence de toute intervention de l'autorité judiciaire pour les placements volontaires comme pour ceux qui sont ordonnés par l'autorité administrative, la facilité avec laquelle certains placements ont pu être faits à la suite d'un état mental plus ou moins facile à caractériser, quelquefois même lorsque cet état mental se bornait à un simple affaiblissement intellectuel : telles sont les causes qui ont puissamment excité l'opinion contre la loi de juin.

Il suffit en effet d'invoquer un trouble des facultés quelconque pour qu'un individu soit dans le cas d'être placé dans un établissement d'aliénés, et il faut bien ajouter que cela est aussi le plus souvent nécessaire; mais enfin cela suffit sans que les circonstances en vertu desquelles ce placement a été effectué soient l'objet d'un examen quelconque, au besoin même d'une enquête légale. C'est à notre avis un fait regrettable et qui a pu donner prise à des abus fâcheux. Qui peut empêcher une femme de se débarrasser d'un mari qui lui est à charge et dont l'esprit est simplement affaibli, un tuteur de son pupille dans les mêmes conditions? Et une fois placé dans la maison de santé pour des motifs plus ou moins légitimes, l'individu ne pourrait-il pas avoir à souffrir dans ses intérêts les plus chers, et d'ailleurs n'est-il pas privé d'une liberté qui pourrait être si utile à sa santé?

Les personnes qui ont fait le placement ne peuvent-elles pas elles-mêmes être trop intéressées au maintien définitif du malade, quand bien souvent une liberté simplement surveillée aurait pu suffire? Sans doute, il faut bien le reconnaître, ce sont là des cas exceptionnels; mais enfin il suffit qu'ils puissent se produire pour rendre nécessaire l'intervention d'une autorité compétente, légale, qui puisse suivre l'infortuné jusque dans la triste retraite que des circonstances fâcheuses lui ont une fois ouverte.

Il me serait facile de citer des exemples de placements abusifs faits par les familles, en présence desquels le médecin reste impuissant et désarmé, dans le cas surtout où l'autorité administrative n'a pas dû elle-même intervenir.

Une femme, par exemple, de mœurs fort légères, parvient à capter l'esprit affaibli d'un officier supérieur en retraite, atteint d'un commencement de paralysie générale. Elle l'épouse et lui fait reconnaître un enfant qui n'est pas de lui. Plus tard, lorsqu'il devient pour elle une source d'embarras, elle le place, munie d'un certificat de médecin constatant l'état d'affaiblissement intellectuel, dans un établissement d'aliénés. Elle continue pendant ce temps sa vie de désordre et elle devient enceinte. Dès qu'elle s'aperçoit d'un commencement de grossesse, elle s'empresse de venir retirer son mari qui était tombé dans un état complet d'incapacité mentale et physique, et après l'avoir conservé chez elle un temps moral suffisant pour légitimer aux yeux de la loi le fruit à venir de sa conduite immorale, toujours avec le certificat du médecin constatant l'affaiblissement incontestable des facultés, elle ramène son malheureux mari dans la maison de santé. Et plus tard le mariage, les dispositions testamentaires, la légitimité des enfants furent en vain attaqués par les héritiers naturels.

Je sais que la loi pourra difficilement empêcher de pareils faits ; mais enfin ils se produiraient moins facilement si un magistrat était spécialement attaché au service des aliénés, avec mission de contrôler la moralité des placements et de surveiller les intérêts du malade placé dans la maison de santé.

Je ne crois certainement pas à des séquestrations arbitraires dans le sens propre du mot, et l'opinion publique s'est, à notre avis, sous ce rapport, singulièrement méprise. Au fond de toute séquestration il y a toujours des faits graves, qui viennent plus ou moins la justifier, et qui ont besoin d'être examinés de près et soigneusement. Mais aussi il y a les cas difficiles, embarrassants, et le médecin ne serait pas alors fâché de pouvoir confier ses perplexités à l'homme de la loi, au magistrat qui aurait acquis une certaine connaissance des aliénés par la fréquentation des malades, et de pouvoir se décharger ainsi d'une partie de la responsabilité qui lui incombe.

Nous n'en croyons pas moins qu'il faut laisser la plus grande facilité possible aux placements volontaires comme à ceux ordonnés par l'autorité administrative, aussi bien dans l'intérêt des familles, dont le malheur doit être respecté, que dans l'intérêt de la société; car l'autorité doit agir d'urgence, et prévenir à tout prix les actes redoutables qui pourraient être commis par des insensés.

Il nous semble que rien ne serait plus facile que de concilier ces intérêts en apparence si opposés. Qui empêcherait, par exemple, qu'un magistrat juge instructeur ne vienne dans l'asile une fois, deux fois par semaine prendre connaissance du dossier qui concerne les malades nouvellement admis, ne s'enquière de leur situation personnelle, ne les interroge au besoin, et après s'être exactement renseigné sur les circonstances qui ont nécessité leur placement, ce magistrat ne pourrait-il pas revêtir de son approbation écrite la mesure du placement, et partager ainsi la responsabilité de ceux qui ont dû contribuer à l'accomplissement de cette mesure ! Et s'il venait à soupçonner une irrégularité ou tout autre fait d'une nature plus grave, ne pourrait-il pas dans ce cas provoquer un débat, une enquête, demander enfin la sortie du malade de la maison de santé ? Et de cette manière on aurait l'assurance que tous les intérêts ont été sauvegardés.

L'article 4 pourrait être lui aussi, suivant nous, l'objet d'une modification importante. Cet article se rapporte à la surveillance même des maisons d'aliénés.

Il prescrit que le préfet et les personnes spécialement déléguées à cet effet par lui ou le ministre de l'intérieur, le président du tribunal, le procureur du roi, le juge de paix, le maire de la commune, sont chargés de visiter les établissements publics ou privés consacrés aux aliénés. Ils recevront les réclamations, etc.

Il nous a semblé que cette espèce de contrôle était, dans bien des cas, absolument illusoire. Et peut-être cette cause a-t-elle, dans quelques circonstances, favorisé des abus regrettables qui ont contribué pour leur part à soulever ces injustes récriminations dont l'opinion s'est, depuis quelques années, si fort alarmée.

Les visites des préfets, président du tribunal, juge de paix, ne peuvent se faire et ne se font en effet que rarement et à l'occasion de circonstances qui viennent souvent détourner leur attention de l'objet principal de leur visite.

Ces magistrats se trouvent d'ailleurs en présence de difficultés fort sérieuses ; ils sont en face d'une population dont ils n'ont pas l'idée, qu'ils ne connaissent pas, qu'ils n'ont pas le temps d'étudier, et ils sont bien obligés, en présence des réclamations qui leur sont faites, de s'en rapporter aux explications du médecin et du directeur. Ils n'ont pas d'ailleurs cette connaissance pratique que leur donnerait bientôt la fréquentation des aliénés, et ils ne peuvent pas davantage consacrer un temps trop considérable pour se renseigner sur la situation de tel ou tel individu.

Nous croyons que cette surveillance serait rendue plus complète, plus efficace par l'institution d'un comité de surveillance qui viendrait, toutes les semaines, visiter l'établissement dans ses différentes parties. Il pourrait statuer provisoirement sur les réclamations qui lui seraient adressées et il provoquerait, lorsqu'il le jugerait à propos, l'attention de l'autorité publique et même l'intervention du procureur de la République.

La création d'un semblable comité, dont les membres devraient être naturellement indemnisés, puisqu'ils rempliraient des fonctions obligatoires et pouvant engager leur responsabilité, présenterait peut-être quelques difficultés pour les asiles placés dans des endroits éloignés des centres de population; mais ces difficultés ne nous paraissent pas insurmontables. Le juge du paix du canton, par exemple, pourrait être un des membres de ce comité.

Cette visite pourrait se faire même en dehors de la présence du médecin et du directeur, afin d'éviter jusqu'aux apparences de tout moyen d'intimidation. Naturellement tous les renseignements désirables devraient ensuite être demandés à ces fonctionnaires.

Ce comité de surveillance devrait exercer son contrôle aussi bien sur les établissements publics que sur les établissements privés, et il serait, dès lors, à même de faire connaître à l'autorité, s'il y avait lieu, les inconvénients de diverses sortes et les abus de pouvoir qui auraient pu être commis par certains chefs d'établissement.

Les préfets comme les ministres n'en resteraient pas moins libres d'envoyer, quand ils le jugeraient à propos, des inspecteurs pour s'assurer de la bonne tenue et de la marche régulière du service.

L'article 1 prescrit, avec raison, que chaque département est tenu d'avoir un établissement public spécialement destiné à recevoir et à soigner les aliénés.

Ce caractère de spécialité des établissements d'aliénés est un principe essentiel que la loi a parfaitement eu raison de faire respecter et qu'il serait regrettable de voir disparaître. Il ne s'agit plus, en effet, de confondre les aliénés avec les malades des divers services hospitaliers ou avec des malfaiteurs. Cette confusion aurait pour moindre inconvénient de soustraire certaines institutions à la surveillance dont elles doivent être l'objet et d'enlever des malheureux frappés d'aliénation à la protection qui doit s'étendre sur eux.

Mais on peut faire ici une remarque, c'est que par une extension abusive du terme d'aliénation, les asiles d'aliénés n'ont pas tardé à se remplir d'une manière fâcheuse ; ils sont devenus le refuge de toutes les infirmités qui sont venues, de près ou de loin, apporter une atteinte plus ou moins grave sur le système nerveux. Enfants, vieillards, idiots, imbéciles, apoplectiques, malades atteints d'affections chroniques diverses, tous ces affaiblis de l'intelligence, tous ces malheureux que notre société trop égoïste a tâché de repousser de son sein, se sont vu ouvrir, par la force des choses, la porte des asiles d'aliénés, et en même temps ils ont été soumis à un régime légal et à des mesures autoritaires qui ne devaient pas leur appartenir. C'est ainsi que nous ne pouvons même pas permettre aux malades les plus inoffensifs de notre service d'aller passer quelques instants au milieu de leurs familles ; il faut, pour obtenir une mesure aussi simple, des formalités administratives sans nombre, difficiles à remplir, inutiles d'ailleurs, tant les autorisations sont rares et peu facilement accordées.

C'est là, quoiqu'il en soit, une cause très-fâcheuse d'encombrement. Les asiles n'ont pu se défendre contre cette espèce d'envahissement qui les débordait de tous côtés, et ils ont dès lors perdu de plus en plus le caractère de maisons de traitement et d'asiles uniquement réservés à recueillir les aliénés dangereux ou ceux qui sans l'être présentent des chances de guérison, et de cette manière aussi une foule de malheureux sont venus tomber à la charge du département quand, après tout, ils devaient être soignés aux frais de leur commune, dans leurs familles ou dans les institutions appropriées à leur genre d'infirmités.

Qu'il nous soit permis aussi de jeter incidemment un rapide coup d'œil sur l'organisation médico-administrative des asiles d'aliénés. Cette organisation nous a paru, dans quelques circonstances, présenter de fâcheux inconvénients et tendre même à faire perdre à l'établissement le caractère essentiellement médical qui doit lui appartenir.

Lorsque les fonctions médicales et administratives ont été réunies aux mains d'un seul homme, il en est résulté dans quelques cas particuliers des inconvénients que l'administration a été elle-même la première à regretter. Tantôt le médecin directeur n'a vu que le côté administratif de sa position ; il a trouvé un certain avantage à se transformer en administrateur et il a pour ainsi dire perdu de vue ses obligations médicales ; d'autres fois le médecin administrateur, se donnant tout à ses malades et à l'observation constante dont ils doivent être l'objet, a entièrement négligé sa tâche administrative. Quelquefois même en plaçant aux mains d'un seul homme ce double pouvoir, on a vu se produire des abus dont il est inutile de parler. La séparation des fonctions médico-administratives entre deux autorités plus ou moins parallèles, le médecin et le directeur, a engendré d'autre part des situations fausses, des conflits regrettables à peu près impossibles à éviter, nuisibles au bien du service comme aux véritables intérêts des malades; le plus souvent les asiles d'aliénés se sont transformés en services purement administratifs où le malade n'était bientôt plus que la chose secondaire, accessoire et la moins digne de considération.

En Allemagne, en Suisse, où l'on est quelquefois si pratique, il n'y a point de ces fonctions divisées complexes et surchargées, de ces responsabilités partagées, et le régime médical règne sans conteste dans un établissement qui n'est, après tout, institué qu'en vue du bien-être et de l'amélioration des malades qui y sont recueillis.

L'influence administrative ne vient pas, comme en France, déplacer le caractère de l'institution et par cela même paralyser les efforts du médecin, sur lequel n'en retombe pas moins la plus grande part de responsabilité.

Il suffirait, il nous semble, de placer à la tête de l'établissement un médecin responsable, assisté s'il y a lieu de médecins adjoints, ayant au-dessous de lui un économe administrateur chargé des divers détails de l'administration et obligé, pour toutes les questions principales, de s'entendre avec le médecin en chef. En cas de dissentiment, les comités de surveillance et l'autorité administrative peuvent toujours prononcer.

L'*article* 20 prescrit que tous les six mois un rapport soit adressé aux préfets sur l'état mental de chaque personne, sur la nature de la maladie et les résultats du traitement.

Cet article est dans la pratique d'une exécution difficile; il a plutôt l'air d'ailleurs d'offrir des garanties qu'il n'en donne au fond. Un état dressé en bloc pour toute une population existant à un jour donné ne saurait être l'objet d'un examen sérieux de la part de l'autorité, lorsqu'il s'agit surtout d'établissements dont le nombre d'aliénés s'élève quelquefois a plus de mille individus. C'est un relevé banal, qui ne concerne que les malades présents à un moment donné, sans s'inquiéter de ceux qui sont décédés ou sortis dans l'intervalle des six mois.

Une visite hebdomadaire faite par le comité de surveillance présenterait sous ce rapport à l'autorité des garanties bien plus sérieuses.

L'*article* 31, à propos des commissions de surveillance, prescrit que l'un des membres de la commission devra exercer, à l'égard des personnes non interdites qui seraient placées dans les asiles publics, les fonctions d'administrateur provisoire. Ces fonctions ont été même considérées comme devant être obligatoires. Cependant, en vertu de l'*article* 32, les commissions de surveillance ont le droit de se décharger de l'administration en demandant au tribunal civil de nommer une personne pour l'exercer.

Ces obligations peuvent en effet entraîner une responsabilité sérieuse, rendre même nécessaires des démarches plus ou moins difficiles et désagréables auxquelles ne tiennent pas à s'assujettir des commissions qui n'encourent après tout qu'une simple responsabilité morale.

Nous voudrions voir établir comme en Suisse, par exemple, au chef-lieu du département un conseil de tutelle non-seulement pour les individus frappés d'interdiction, mais encore pour ceux qui sont atteints d'aliénation. Un pareil conseil informe de tout ce qui peut intéresser le malade, il veille à ce que ses revenus soient, autant que possible, consacrés à son bien-être et à l'amélioration de sa position. Rien ne s'opposerait d'ailleurs à ce que le comité de surveillance dont nous avons parlé, et particulièrement le magistrat chargé d'instruire les placements, ne fût lui aussi chargé des fonctions d'administrateur provisoire, et de la tutelle des aliénés non interdits.

En résumé nous voudrions voir adopter, pour ce qui concerne l'organisation des asiles d'aliénés et pour ce qui se rapporte aux intérêts de ces malades, les dispositions suivantes :

Nomination d'un comité de surveillance pour chaque asile, composé de deux ou trois membres parmi lesquels se trouveraient un médecin et un magistrat spécialement délégué par l'autorité judiciaire pour instruire les placements, les réviser s'il y a lieu, et prendre connaissance des diverses réclamations faites par les aliénés et même par les employés de l'asile. Ce comité ferait chaque semaine sa visite dans les diverses parties de la maison.

Pour les établissements privés ou publics éloignés du centre de population, le juge de paix du canton pourrait être lui-même le juge instructeur délégué.

Il existe en Angleterre une commission supérieure chargée de s'occuper de toutes les questions qui se rattachent aux services des aliénés, et que nous voudrions également voir instituée en France.

Ce conseil médical supérieur, dont devraient faire partie quelques magistrats, serait appelé à étudier tout ce qui a trait aux établissements d'aliénés ; il aurait à résoudre toutes les difficultés qui sous ce rapport pourraient se produire. Il soumettrait à son examen les cas difficiles et douteux d'aliénation ; il pourrait être une sorte de tribunal devant lequel viendraient se traiter les faits qui se rattachent à l'honorabilité des médecins ou des directeurs de maisons de santé. Cette haute commission, que l'autorité aurait à consulter dans une foule de circonstances, donnerait aux différents services une marche plus assurée, plus uniforme, et par cela même elle imprimerait aux progrès de la science une impulsion plus forte en résumant, en concentrant les travaux parus de divers côtés, et qui ne peuvent arriver qu'incomplétement à la connaissance des personnes que cela intéresserait.

Une commission supérieure permanente a des avantages sérieux, incontestables : elle perpétue une tradition scientifique qui se perfectionne d'elle-même par l'expérience acquise ; elle indique la voie à suivre ; ses travaux antérieurs servent de point de départ à de nouvelles études ; elle n'a point enfin ce caractère d'instabilité qu'entraîne tout changement de personnes dans les services administratifs. Une semblable commission pourrait être aussi consultée par l'administration lorsqu'il s'agit de l'entrée dans la carrière de médecins plus ou moins méritants.

A Paris, les comités de surveillance spécialement attachés aux divers établissements privés ou publics pourraient être une délégation de cette commission supérieure.

Dans ce système, les commissions de surveillance telles qu'elles fonctionnent ne seraient pas conservées. Ces commissions sont composées de membres qui en général ne considèrent leurs fonctions que comme étant surtout honorifiques ; elles ne peuvent d'ailleurs être astreintes à un service actif et obligatoire. En se réunissant une fois par mois et souvent dans une très-courte séance, elles ne peuvent avoir des différents services de l'établissement qu'une connaissance très imparfaite. Nous n'en devons pas moins rendre hommage au zèle et au dévouement d'un grand nombre d'entre elles, mais il n'en est pas moins vrai que quelques-unes ont pu trop facilement se soustraire aux obligations qui leur étaient imposées et n'ont fait dans l'établissement qu'elles étaient chargées de surveiller que de trop courtes et trop rares apparitions.

M. LE PRÉSIDENT. — L'asile Sainte-Anne sert à un double objet : c'est un hospice, mais c'est aussi un lieu d'admission, de transition pour les malades qui doivent être séquestrés. Voulez-vous expliquer en quoi consiste ce service d'admission ?

R. — Bien qu'il soit installé dans l'enceinte même de l'établissement, le service d'admission est absolument distinct, et devrait même en être détaché. Il y a séparation complète. Le service d'admission était créé pour remplacer le dépôt de la préfecture de police, et recevoir les personnes arrêtées comme atteintes d'aliénation, en attendant que le préfet, sur le rapport des médecins, ordonnât le placement d'office. A cet égard il ferait aujourd'hui double emploi avec le dépôt, qui a été maintenu ; aussi fonctionne-t-il surtout comme service de répartition des malades entre les divers asiles, y compris celui de Sainte-Anne. La plupart des malades y sont envoyés par un arrêté du préfet de police ; il n'y a donc plus lieu d'examiner si le placement est justifié ; la question a été soumise aux médecins de la préfecture qui l'ont résolue. Cependant le service d'admission reçoit directement des malades sur la demande des commissaires de police ; alors il rentre dans l'objet de son institution primitive ; les médecins qui en sont chargés étudient le cas et provoquent, s'il y a lieu, un arrêté de placement.

119. D. — N'arrive-t-il pas quelquefois que ce lieu de dépôt transitoire devient un lieu de séjour définitif ?

R. — Il s'est en effet produit des abus, soit que les médecins chargés de l'admission aient opéré une prompte guérison, soit qu'ils aient voulu retenir un cas intéressant à étudier.

120. D. — Que feriez-vous si l'administration vous adressait d'office une personne non aliénée ?

R. — J'exposerais mes scrupules à la préfecture ; les médecins de l'asile ont un délai de quinzaine pour produire leur certificat. Mais c'est comme médecin de l'asile que j'aurais à intervenir dans ce cas. Je ne fais point partie du service d'admission.

121. D. — Vous ne pouvez donc nous apprendre si le service d'admission, en recevant un malade qui lui est envoyé par arrêté préfectoral, procède à un examen, pour contrôler la convenance du placement ?

R. — Cet examen a eu lieu déjà par les soins des médecins de la préfecture. C'est au médecin de l'asile, qui reçoit le malade du service d'admission, qu'appartient la vérification.

M. LUNIER. — Les deux services sont indépendants ; la réunion dans un même local prête seule à la confusion. Il n'y a de contrôle à l'admission que pour les malades envoyés directement par les commissaires de police, en vertu de l'article 19 de la loi ; en effet, le préfet, dans ce cas, n'a pas encore statué ; il ne doit prendre un arrêté qu'en connaissance de cause ; ce sont alors les médecins du bureau d'admission qui l'éclairent. Il y a une troisième catégorie de malades que le bureau d'admission, en principe, devrait encore recevoir, pour les répartir entre les asiles ; c'est celle des malades assistés en vertu de l'article 25. En province, cette catégorie est distincte ; elle comprend les malades que les départements prennent à leur charge, quoiqu'ils ne soient ni curables ni dangereux. Mais à Paris, tous les malades sont réputés dangereux.

M. TANON. — Je voudrais connaître l'opinion de M. le docteur Dagonet relativement aux aliénés qui ont commis des crimes ou délits.

R. — Il faut distinguer ceux dont le crime est attribué à l'aliénation mentale, et ceux qui n'ont été atteints de folie qu'après leur condamnation.

122. D. — Quelles sont les précautions à prendre contre les premiers?

R. — Ces malheureux ne sont que des aliénés à l'état aigu. S'ils commettent des actes qui tombent sous l'application de la loi pénale, c'est sous l'empire d'une hallucination violente, souvent sous l'influence de l'alcoolisme. Une fois l'accès passé, au bout de trois ou quatre jours, ou même moins, ils retrouvent toute leur raison.

M. Ribot. — Alors qui les remet en liberté?

R. — Le préfet, sur le rapport du médecin, qui est malheureusement assailli de représentations de toute sorte, de l'aliéné lui-même qui se déclare sain d'esprit, de la famille qui réclame son chef, de l'administration qui craint de prendre une trop lourde responsabilité.

M. Ribot. — Un aliéné, qui a commis une fois des actes criminels, peut-il cesser d'être dangereux?

R. — Cela dépend des influences sous lesquelles il a commis ces actes. J'ai connu un malheureux qui, frappé de stupeur, et croyant voir sa famille mourir de faim, avait, pour lui épargner ce supplice imaginaire, tué sa femme, ses trois enfants et blessé le quatrième. Quelques années de séjour dans un asile m'ayant convaincu qu'il était devenu inoffensif, je proposai sa mise en liberté, que le préfet refusa, craignant la violence des préventions populaires. Il l'accorda enfin au bout de vingt ans; et je suis persuadé qu'il pouvait le faire sans péril beaucoup plus tôt.

M. Pagès. — Mais est-ce au préfet qu'il doit appartenir de prononcer en pareil cas? La garantie d'un arrêté préfectoral est-elle suffisante?

R. — Il vaudrait mieux faire intervenir l'autorité judiciaire. Du moment qu'un acte a été commis qui tombe sous le coup de la loi, l'auteur de cet acte appartient à la justice, lors même que l'excuse de la folie est admise en sa faveur. Il est convenable qu'il ne puisse rentrer au sein de la société qu'en vertu d'un jugement spécial. Mais, en fait, il ne faut pas s'exagérer l'importance de cette garantie. Quand le médecin se portera garant de la guérison, quel parti pourra prendre le tribunal, sinon d'admettre son opinion et d'ordonner la mise en liberté, comme le préfet le fait aujourd'hui?

M. Ribot. — Un grand nombre de médecins aliénistes, et notamment Esquirol, ont été d'avis que tout aliéné qui a commis un crime est incurable et reste toujours dangereux.

R. — Il y a beaucoup d'aliénés, non prévenus de crimes, dont l'élargissement me causerait plus d'inquiétudes.

M. Ribot. — A chaque instant nous constatons des cas de récidive, surtout dans les cas d'alcoolisme.

R. — J'admettrais que, dans ce cas, un délai plus étendu de convalescence fût imposé, comme une sorte de pénalité pour le fait de récidive. Mais tout est question d'espèce dans l'aliénation : chaque cas appelle un examen et des mesures spéciales. Je suis d'ailleurs partisan de l'intervention des tribunaux; ils mettraient fin à cette confusion d'autorités qui prennent des décisions à l'insu l'une de l'autre.

M. Pagès. — En effet, l'entrée à l'asile, même dans le cas de crime ou délit, précède souvent toute information judiciaire. Le parquet n'est averti que par la communication de l'arrêté de placement.

R. — Il ne l'est même pas toujours.

123. D. — Quelles mesures sont prises à l'égard des détenus, qui sont atteints de folie après leur condamnation, pendant qu'ils subissent leur peine?

R. — On les envoie aux asiles, où ils donnent beaucoup d'ennuis : il n'y a pas de cas plus difficile que celui de l'aliénation greffée sur la perversité. Leur présence cause d'ailleurs une impression très-pénible aux autres aliénés. Il faudrait les placer dans un quartier spécial.

M. le Président. — Il me reste à vous remercier de votre intéressante communication.

La séance est levée à onze heures.

Séance du 20 janvier 1872.

Présidence de M. Ernest Bertrand, *conseiller à la Cour d'appel de Paris.*

M. le docteur Falret est invité à déposer :

124. D. — Vous êtes à la tête d'une maison de santé ?
R. — Oui, et en outre je suis médecin de Bicêtre.
125. D. — Pensez-vous que les aliénés puissent être traités à domicile ?
R. — J'en ai rarement traité. Cependant ce traitement est possible dans certains cas, surtout pour les maladies chroniques. Les maladies aiguës elles-mêmes ont des formes très-diverses. Certaines affections mentales se rattachent à des cas de pathologie générale et peuvent se traiter à domicile. Dans ce cas, il convient d'attendre et de s'abstenir de la séquestration. C'est au médecin à apprécier. Il y a des folies que l'on ne peut distinguer qu'à la longue des délires ordinaires. La pathologie générale et la pathologie mentale ont des points de contact nombreux et fréquents.
126. D. — En dehors de ces cas, pensez-vous que parfois le traitement à domicile soit possible ?
R. — La solution de cette question dépend et de la maladie et du milieu dans lequel se trouve le malade. Selon que les malades se trouvent dans les grandes villes ou à la campagne, les conditions sont totalement différentes. Ainsi, à Paris, la préfecture de police est forcée de recourir à des placements d'office fréquents. Le médecin peut seul juger ces éléments complexes. Lui seul pourra aussi apprécier si un délire qui persiste après une fièvre typhoïde, par exemple, disparaîtra ou deviendra de la folie.
Dans les questions de placement, il faut tenir compte de la thérapeutique et de l'intérêt d'ordre public. Une commission mixte, quelle qu'elle soit, peut difficilement intervenir dans les questions du premier ordre.
127. D. — Croyez-vous qu'il y ait du danger à laisser traiter les aliénés à domicile ?
R. — Dans les maisons particulières, le traitement sera nécessairement moins bien suivi. Il y a avantage pour les malades à être placés dans un asile.

128. D. — Mais l'intérêt de la liberté individuelle peut commander d'éviter les séquestrations inutiles ?

R. — La liberté individuelle est plus respectée dans les asiles que dans les maisons particulières. Les violences sont, dans ce dernier cas, à craindre. En Angleterre on a étudié ces faits, et il y a une législation spéciale. Dans certains pays, on distingue selon le nombre des aliénés et, lorsqu'il y en a plusieurs, la maison est considérée comme un asile. La loi française n'a pas prévu ce cas.

M. Vaney. — Comment pensez-vous qu'on puisse organiser cette surveillance à domicile ?

R. — Elle n'est pas possible toujours au même degré. Cependant en Angleterre tout est prévu, et les aliénés, même à domicile, sont sous la tutelle du grand chancelier. La surveillance dans la famille elle-même est difficile ; mais dès qu'il y a une maison qui contient plusieurs aliénés, elle est indispensable.

129. D. — La séquestration doit toujours être entourée de précautions. Pensez-vous que la loi de 1838 soit complète à cet égard ?

R. — Je ne pense pas qu'il y ait lieu de la modifier en ce qui concerne l'entrée. Les interrogatoires subis devant une autorité quelconque ne sont pas praticables. Si la loi actuelle elle-même était généralement connue, si les familles savaient, par exemple, que le parquet sera informé, que des certificats seront dressés, que l'aliéné sera porté sur des registres, etc., souvent les placements volontaires n'auraient pas lieu. Il serait à craindre, en multipliant les formalités, que les malades ne fussent plus amenés dans les asiles. On les garderait, ou on les placerait, soit à l'étranger dans des maisons de santé, soit dans des maisons religieuses. La loi serait éludée et l'on irait ainsi contre le but que l'on se propose. La loi de 1838 est partout, en dehors de la France, regardée comme excellente ; on l'a adoptée presque partout, en exigeant seulement pour l'entrée que le certificat fût signé de deux médecins au lieu d'un. Si l'on entourait d'une certaine publicité le placement dans les asiles, les placements d'office eux-mêmes diminueraient ; dans les familles pauvres, on hésiterait à s'adresser à l'autorité. Une récente circulaire du préfet de police a déjà eu ce résultat en partie.

M. Legrand du Saulle. — Un grand nombre de commissaires de police envoyaient des malades à l'asile Sainte-Anne sans certificat. On a trouvé qu'il y avait abus, ce mode de procéder, autorisé par la loi, ne devant être suivi qu'en cas d'urgence. Pour éviter le contrôle médical établi à la préfecture, les commissaires de police plaçaient ainsi directement; M. le préfet s'en est ému. Il a fait une circulaire pour enjoindre de faire passer les malades par le dépôt et de n'envoyer directement que dans les cas très-urgents. Il a recommandé en outre l'envoi immédiat des procès-verbaux d'enquête. La circulaire est du 30 novembre. Depuis ce temps, il y a moins d'aliénés envoyés. Du reste, le chiffre des aliénés a fléchi depuis la Commune. Ce résultat peut être attribué à la diminution de la population et surtout de celle parmi laquelle se recrutaient les aliénés. Cependant le même fait se reproduit également dans les classes aisées.

M. LUNIER. — J'ai constaté dans toute la France une diminution d'un dixième environ sur le chiffre des entrées dans les asiles, et cependant la guerre a été la cause spéciale d'un assez grand nombre de cas de folie.

130. D. — Quelles sont les modifications dont la loi vous paraît susceptible, particulièrement en ce qui concerne la surveillance des asiles?

R. — La surveillance actuelle est insuffisante. En fait, il n'en existe pas en dehors de celle du parquet. En outre, les diverses inspections organisées par la loi ne sont pas centralisées. Il en est autrement en Angleterre, et ce serait là un exemple utile à suivre. A ce point de vue, l'institution d'une commission permanente présenterait de grands avantages. Elle se composerait de magistrats, de médecins et d'administrateurs. Il serait indispensable de la rendre permanente à cause de l'esprit de suite et des connaissances spéciales qu'exige l'examen des aliénés. On pourrait, sous la législation actuelle elle-même, instituer une commission semblable. Il suffirait d'appliquer et de développer quelques-uns des articles de la loi de 1838. Ainsi, l'article 9 autorise le préfet à adjoindre aux hommes de l'art qui doivent visiter le malade dans les trois jours du placement, *telle autre personne qu'il désignera*. La commission permanente serait avisée directement de tous les placements et pourrait ainsi exercer immédiatement son contrôle, tandis qu'aujourd'hui ceux qui ont la mission de contrôler ces placements ne sont, grâce aux transmissions administratives, informés qu'après un temps assez long. En résumé, il n'y a pas lieu de réformer la loi en ce qui concerne le mode dont s'opèrent les placements. C'est sur les mesures postérieures que doivent porter les modifications.

131. D. — Lorsque la guérison est obtenue, quelle garantie a-t-on que l'aliéné sera mis en liberté?

R. — Lorsque l'aliéné est guéri, le médecin doit provoquer et provoque toujours sa mise en liberté, après un temps de convalescence toutefois qu'il est utile d'observer et qui ne dépasse guère deux mois. Mais il est un grand nombre d'aliénés chez lesquels la maladie revêt la forme chronique. Ici les opinions diffèrent. D'après certains médecins, les aliénés de cette catégorie sont toujours dangereux, en sorte que le séjour dans un asile doit être pour eux l'état normal. D'autres, et c'est le plus grand nombre, pensent qu'on peut les mettre en liberté, selon leurs conditions de famille, le lieu où ils seront recueillis et surveillés, en un mot selon le milieu où ils seront placés après leur sortie de l'asile. Tel aliéné devra donc être rendu à la liberté ou retenu selon que ces conditions existeront ou n'existeront pas pour lui.

132. D. — Tous les aliénés ne sont pas séquestrés?

R. — Non, assurément. C'est, ainsi que je l'ai dit, une question de milieu ; et l'on peut par exemple laisser en liberté en province certains aliénés qui devraient être séquestrés à Paris.

M. Lunier. — Un grand nombre des aliénés qu'on laisse en liberté en province seraient dans des asiles si les asiles étaient assez grands pour les recevoir. On peut consulter à cet égard les délibérations des conseils généraux. J'ajoute que si ces aliénés étaient placés dans des établissements, il y aurait moins de crimes et de délits.

M. Mottet. — J'ai vécu pendant quatre ans avec des aliénés que des familles traitaient à domicile. Mon premier soin a été de faire, dans le château qu'ils habitaient, une sorte de maison de santé. Je rapporterai un fait qui vient confirmer ce que disait M. le docteur Falret de l'influence des conditions de famille et de milieu. Une paysanne aliénée vivait dans son village. Elle est restée inoffensive tant que sa mère a vécu et a pu lui donner ses soins. Après la mort de celle-ci, elle est devenue incendiaire.

133. D. — Quelles mesures devrait-on prescrire relativement à la sortie des asiles ?

R. — La commission permanente pourrait intervenir utilement pour provoquer ou ordonner la mise en liberté des aliénés, dans les cas douteux.

134. D. — Que pensez-vous des dispositions de la loi relatives aux biens des aliénés ?

R. — Cette partie de la loi doit être réformée. Les biens ne sont pas suffisamment protégés. Le docteur Falret, mon père, avait demandé que l'on assimilât les aliénés aux absents. La fortune des malades peut être aujourd'hui dilapidée. On voit tous les jours des aliénés ayant de 20 à 30,000 francs de rente placés dans des asiles avec une pension de 1,200 francs. Certaines familles finissent même, après avoir diminué progressivement la pension de leur parent, par le placer dans un asile public.

135. D. — Que doit-on faire des aliénés dits criminels ?

R. — Je ne partage pas une opinion souvent émise d'après laquelle on devrait créer des asiles spéciaux pour cette classe d'aliénés. Il n'est pas bon que l'aliéné soit noté comme criminel et séparé de tous les autres, ainsi que cela existe à *la Sûreté* de Bicêtre. L'aliéné dit criminel qui n'a pas été condamné est un malade ordinaire ; il doit être mis en liberté par le médecin comme un autre. Quant à l'époque à laquelle doit avoir lieu cette mise en liberté, c'est une question de fait qui variera selon la nature de l'aliénation.

M. Ribot. — Mais est-ce l'autorité médicale seule qui doit statuer sur cette question ? n'est-ce pas aussi l'autorité judiciaire ?

R. — Je voudrais que ce fût la commission permanente.

M. Pagès. — La commission permanente ou toute autre autorité que vous instituerez seront-elles consultées pour toutes les sorties ?

R. — Non. Pratiquement, la commission permanente ne peut pas être consultée dans tous les cas. Elle ne devrait l'être que dans les cas douteux.

136. D. — Pensez-vous qu'il y ait lieu d'imposer, au moment de l'admission d'un aliéné, un temps d'examen déterminé ?

R. — Je pense qu'il conviendrait d'instituer, dans chaque asile, une sorte de section d'attente, où l'aliéné resterait en l'état d'observation pendant trois ou quatre jours. Cette organisation présenterait, notamment, des avantages au point de vue de la situation des alcooliques, dont les accès sont souvent de courte durée et ne dépasseraient point, dans plusieurs cas, la durée de la période d'examen.

137. D. — Jugez-vous désirable que ce quartier d'observation soit distinct de l'asile lui-même ?

R. — Oui, et j'irai jusqu'à dire que cela me paraît essentiel. Il est regrettable que les choses ne soient point établies ainsi à l'asile Sainte-Anne.

J'ajouterai qu'il me semble fort désirable que le certificat d'admission et le certificat de quinzaine soient rédigés par le même médecin, ce qui ne se pratique pas non plus à Sainte-Anne

M. Lunier. — Le vice principal provient de l'usage adopté par l'administration d'envoyer les aliénés dans cet asile avec un certificat de séquestration, ce qui ne devrait point se produire pour une admission n'ayant qu'un caractère provisoire.

R. — Cette observation me paraît fondée.

M. le Président : La Commission vous remercie de cette intéressante déposition.

M. Georges Picot, *juge au tribunal de la Seine*, est invité à déposer :

138. D. — N'avez-vous point été appelé par vos fonctions à porter vos réflexions sur la législation relative aux aliénés ?

R. — Oui, à un double point de vue : j'ai fait partie pendant plusieurs années, comme juge suppléant, de la chambre du conseil, et j'ai été fréquemment délégué pour me transporter dans divers asiles afin de procéder à l'interrogatoire de personnes dont l'interdiction était demandée et qui ne pouvaient, à raison de leur état, subir un déplacement.

139. D. — Que pensez-vous des critiques qui ont été adressées à la loi de 1838 ?

R. — Je les crois, en général, exagérées. A ce sujet, je tiens à déclarer que j'ai été singulièrement frappé de ce fait, que les critiques auxquelles vous faites allusion n'ont point suivi de près l'adoption et la mise en pratique de la législation qui en fait l'objet, et n'ont commencé à se produire que pendant les quinze dernières années que nous venons de traverser. Ce phénomène pourrait s'expliquer par des considérations qui ne sont point d'un ordre purement législatif.

140. D. — Connaissez-vous personnellement des cas de placement arbitraire ?

R. — Aucun n'est venu à ma connaissance personnelle. Il me semble, toutefois, qu'il est nécessaire de répondre sur ce point aux préoccupations plus ou moins fondées de l'opinion publique. Il conviendrait, à mon avis, qu'un magistrat fût appelé à autoriser toute admission dans un asile. Je pense que toute atteinte, même justifiée, à la liberté individuelle, doit être légitimée par l'intervention protectrice de la justice.

141. D. — Comment proposez-vous d'organiser cette intervention de la magistrature ?

R. — Je commence par distinguer les placements volontaires des placements d'office. Pour ces derniers, à Paris, le juge d'instruction qui siège chaque jour au petit parquet devrait être chargé d'examiner les dossiers produits, pour chaque aliéné à séquestrer, par les commissaires de police. Dans la plupart des cas, les éléments qui composent ces dossiers sont suffisants pour lui permettre de se former une opinion sur la légitimité de la séquestration, sans que l'examen de la personne elle-même par le magistrat soit nécessaire en principe. S'il en était besoin, le passage de l'aliéné au dépôt rendrait la visite facile.

Quant aux placements d'office à opérer dans les départements, je proposerais de les réglementer, ainsi que les placements volontaires tant à Paris qu'en province, de la manière suivante : le magistrat devrait être informé immédiatement de l'entrée de tout aliéné dans un asile, et aurait l'obligation de se transporter auprès de lui, dans le délai de trois jours, pour procéder à son examen.

142. D. — Le transport du magistrat ne vous paraît-il point difficilement praticable en présence du nombre des aliénés à examiner ?

R. — Ce serait un fait à vérifier, mais je ne le crois pas impossible. Les placements volontaires ne représentent guère que le cinquième du nombre total des placements. Leur chiffre est de deux par jour en moyenne à Paris. Les magistrats peuvent donc suffire à cette tâche.

143. D. — Connaissez-vous quelque cas de séquestration indûment prolongée ?

R. — Je puis citer, en faisant appel à mes souvenirs personnels, l'exemple du capitaine B..., qui est resté séquestré pendant neuf ans à Charenton ; les colonnes mensuelles portaient constamment la formule en quelque sorte stéréotypée : *même état*. Des amis se préoccupèrent de cette situation, et le capitaine B... fut successivement visité par plusieurs magistrats, soumis à l'examen de différents médecins et interrogé en chambre du conseil. L'opinion des magistrats ayant été favorable et le prétendu aliéné n'ayant point laissé apparaître le plus léger symptôme de trouble dans les facultés mentales, il fut mis en liberté. Ces faits se passaient, si mes souvenirs sont exacts, en 1867. Depuis cette époque, M. B... a conservé toutes les apparences d'un homme en parfaite raison ; dans la première année qui a suivi sa sortie de l'asile, il a introduit et dirigé un procès en séparation de corps qu'il intentait à sa femme à raison de l'abandon dans lequel elle l'avait laissé, et où il a eu gain de cause. C'était le fait d'un homme sensé.

M. le docteur BLANCHE. — Je demanderai, dans une des prochaines séances, à présenter des observations sur ce sujet. Je me borne aujourd'hui à faire remarquer que l'indifférence avec laquelle le capitaine B... a supporté sa longue séquestration n'était point l'indice d'un esprit entièrement sain.

144. D. — Quelle est votre opinion sur l'opportunité de la création d'une commission permanente ?

R. — Je suis absolument partisan de cette innovation. Au point de vue de la composition de cette commission, je me rallierais entièrement à l'idée émise par M. Ribot. Je composerais la commission d'un certain nombre de médecins et de magistrats auxquels je tiendrais à adjoindre des membres du barreau, de la chambre des notaires, de la chambre des avoués et du conseil général.

Les membres de cette commission, délégués à tour de rôle, visiteraient toutes les personnes retenues dans les asiles. Ces visites auraient lieu tous les deux mois, dans le premier semestre qui suivrait le placement, et ensuite tous les six mois.

Les rapports rédigés à la suite de ces visites seraient adressés au chef du parquet.

En fait, aujourd'hui, tous les aliénés ont un dossier à la préfecture de police. Dans le cas de placement d'office, les commissaires de police font des enquêtes qui m'ont paru rédigées avec beaucoup de soin. Tous les dossiers seraient mis à la disposition de la commission permanente. On y ajouterait les rapports faits au moment de chaque visite, et l'on aurait ainsi un ensemble d'archives qui fourniraient les ressources les plus précieuses.

145. D. — La commission pourrait-elle ordonner la sortie d'une personne placée dans un asile ?

R. — Je voudrais que la sortie eût lieu immédiatement, s'il y avait accord entre la commission et le chef d'établissement. En cas de désaccord, la commission saisirait la chambre du conseil du tribunal qui statuerait. Dans les cas de placements d'office, la commission pourrait intervenir pour empêcher la sortie.

La loi de 1838 donne le droit aux personnes placées dans un asile et à leurs parents et amis de saisir directement la chambre du conseil d'une demande de sortie. Mais, en cas d'interdiction, ce droit n'appartient qu'au tuteur ; il faudrait effacer cette distinction.

Les réclamations des personnes retenues dans un asile ou de leurs parents sont aujourd'hui soumises à la chambre du conseil. J'incline à penser que le défaut de publicité a plus d'inconvénients que d'avantages. Souvent les parties ont demandé que l'affaire vînt en audience publique. Je voudrais que la publicité fût de droit et que le tribunal fût maître d'ordonner le huis clos. La publicité a toujours de grands avantages. Elle existe d'ailleurs en cas d'interdiction.

146. D. — Quels changements vous paraîtraient désirables en ce qui concerne la gestion des biens des aliénés ?

R. — La commission permanente pourrait instituer dans son

sein une sous-commission chargée de surveiller la gestion des biens. Ce serait aller trop loin que de demander à la commission d'exercer une véritable tutelle. L'administrateur des biens devrait faire un rapport annuel au conseil de famille. Ce rapport serait transmis à la commission par le juge de paix, avec des observations.

147. D. — Il serait fort difficile de réunir chaque année un conseil de famille pour chaque aliéné.

R. — Je reconnais les difficultés. Mais il est nécessaire de proportionner à la fortune de l'aliéné la pension à laquelle il a droit; en un mot, il faut un contrôle, et la commission ne peut l'exercer elle-même pour tous les aliénés.

148. D. — Que pensez-vous de la situation particulière des aliénés criminels ?

R. — J'estime qu'ils ne devraient pas sortir des asiles sans l'intervention de l'autorité judiciaire.

M. Vaney. — La préfecture de police devrait appeler la justice à se prononcer sur tous les délits commis par les aliénés. Il est loin d'en être ainsi.

M. Blanche. — En outre, quand la justice se dessaisit, parce qu'elle a reconnu que l'inculpé est aliéné, l'administration le fait examiner à nouveau, et il arrive parfois qu'il est remis en liberté. C'est une grave anomalie.

Séance du 24 janvier 1872.

Présidence de M. Ernest Bertrand, conseiller à la Cour d'appel de Paris.

M. Picot. — D'après des renseignements que j'ai trouvés dans un discours prononcé en 1868 par le ministre de l'intérieur, il paraît que que dans certaines villes les divers inspecteurs locaux se seraient réunis et qu'en fait ils auraient institué spontanément une sorte de commission permanente. Il en serait ainsi notamment à Toulouse et à Privas.

M. Garsonnet, *agrégé à la Faculté de droit*, est invité à déposer :

Il y a longtemps que je m'occupe de la question des aliénés. Je connais le projet présenté au Corps législatif en 1870 par MM. Gambetta et Magnin. Ce projet repose en partie sur des idées que je partage. J'aurais cependant, à certains égards, des réserves à faire.

En ce qui concerne l'attribution des questions d'aliénation mentale à un jury spécial, l'idée me paraît excellente. Sur des questions de folie et de bon sens, le meilleur juge c'est le public. Dans certains cas l'organisation de ce jury peut paraître difficile en pratique ; à Paris, notamment, il faudrait que le jury fût permanent. A ce point de vue, il y aurait donc à examiner ce qui est possible et praticable.

Dans l'étude de la loi de 1838, il faut se préoccuper d'une façon distincte des divers intéressés, à savoir, ceux qui sont fous et ceux que l'on prétend être fous.

Pour les premiers, l'internement collectif n'est pas une bonne mesure. Le spectacle de la folie, mauvais pour ceux qui sont dans leur bon sens, l'est encore plus pour les aliénés. Ce n'est pas ainsi qu'on peut obtenir la guérison. M. le docteur Blanche disait à une des dernières séances qu'il ne guérissait presque personne, et les aliénistes en général avouent que leurs malades, lorsqu'ils les ont laissés sortir, leur reviennent peu après. L'internement est donc une mauvaise chose, même au point de vue thérapeutique. Pour décider une séquestration, on se demande seulement si un individu est fou ou non. Il faudrait encore se demander s'il est utile ou non de l'enfermer.

Si un fou est dangereux il va de soi qu'il faut l'enfermer de toute nécessité. Mais s'il ne l'est pas et que son internement ne lui soit pas utile, on ne doit pas le priver de sa liberté. Il y a beaucoup de manies innocentes et l'on peut laisser beaucoup d'aliénés en liberté. Il faut donc examiner la question de nécessité d'une séquestration. Cette question présente plusieurs points de vue distincts. Certains aliénés ne peuvent pas absolument être soignés chez eux. Pour d'autres, on peut espérer que la séquestration amènera la guérison. Mais, sauf ces cas et en l'absence de tout danger, il faut laisser l'aliéné en liberté. Les auteurs de la loi de 1838 ne se sont pas assez préoccupés de ce point de vue.

M. LE PRÉSIDENT. — La loi de 1838 a été une réaction contre un état de choses qui était des plus fâcheux. C'est dans l'intérêt des aliénés que l'on a cherché à leur assurer une protection et une chance de guérison.

R. — En effet, en 1838, la situation des aliénés était affreuse. Esquirol et Pinel en ont laissé une description qui fait peine. Mais la loi édictée à ce moment a été faite sous l'influence des médecins aliénistes et repose sur une théorie médicale d'après laquelle il faut enfermer tous les aliénés.

M. BARBOUX. — Vous admettez que l'on doit enfermer les fous dangereux et ceux que leurs familles ne peuvent soigner. La loi ne dit pas autre chose.

R. — Ce n'est pas exact ; la loi autorise non-seulement les parents mais encore les amis à provoquer la séquestration.

149. D. — Quelles garanties proposez-vous de substituer à la loi actuelle ?

R. — C'est surtout en ce qui concerne l'entrée qu'il faut prendre des précautions. Après l'entrée les inspections et les visites sont inefficaces. Il faut prévenir l'abus avant que le séjour dans la maison de santé n'ait compromis l'état intellectuel de l'individu qu'on y aura placé.

150. D. — Ne pensez-vous qu'il y ait de graves inconvénients à forcer une famille qui veut placer dans un asile un aliéné qu'elle ne peut soigner, à le faire comparaître devant un jury ?

R. — J'estime qu'il faut mettre de côté toutes les idées qui ont cours sur la nécessité du secret. La publicité est toujours préférable. On ne raisonnait pas autrement autrefois pour les lettres de cachet qu'on ne le fait maintenant pour les aliénés.

M. RIBOT. — Mais enfin, avez-vous constaté que des abus graves aient été commis ?

R. — Lorsque l'on cite des exemples particuliers, il est difficile de ne pas trouver des contradicteurs intéressés et passionnés. La constatation devient d'ailleurs souvent pleine de difficultés. L'internement amène un dérangement intellectuel et au moment des inspections on ne peut plus rien savoir. En ce moment on juge à la Cour de Paris le procès d'un M. T... qui a été enfermé et n'a jamais été aliéné. La preuve, c'est que la mise en liberté a immédiatement suivi la première réclamation. Il en a été de même pour M. S... qui, très-évidemment, n'a pas été fou et qui a été mis en liberté aussitôt après la mort d'un grand personnage.

M. Blanche. — Il n'est pas exact que M. S... ait été mis en liberté à la mort de M. Billault. Nous l'avons renvoyé à titre d'essai et en prévoyant une rechute. Aussitôt sorti, il a poursuivi M. Rouher comme il avait poursuivi M. Billault.

M. Mottet. — J'ajoute qu'il a été traité récemment à la maison Dubois pour des accidents cérébraux graves.

M. Garsonnet. — Dernièrement encore, mademoiselle Hersilie R... a adressé à l'Assemblée nationale une pétition qui a paru des plus sérieuses à quelques-uns de ses membres qui doivent l'appuyer. Mais je ne suis pas au courant des détails qui la concernent.

151. D. — Ne pensez-vous pas que le fonctionnement d'un jury serait très-compliqué?

R. — Il pourrait en être ainsi à Paris, mais en province ce jury serait organisé avec facilité.

On pourrait simplifier les formalités et diminuer le nombre des jurés. Ce qui est essentiel pour moi, c'est que le médecin soit un expert et ne décide jamais souverainement. Il faut que la décision soit rendue par des gens sans idées préconçues. Devant les juridictions criminelles on consulte les médecins souvent, on tient grand compte de leur opinion, mais c'est toujours en définitive le tribunal qui prononce.

M. Pagès. — Mais pensez-vous que les familles pourraient aisément se résoudre à conduire devant un jury ceux de leurs membres qui seraient aliénés?

R. — Ce résultat ne m'effraie pas. Il vaut mieux éloigner les familles de l'internement que de les y pousser. Aujourd'hui on remplace par la séquestration dans une maison d'aliénés l'interdiction qui serait plus coûteuse. Je ne voudrais pas du reste que la discussion devant le jury fût publique.

152. D. — Comment organisez-vous le fonctionnement pour les cas d'urgence?

R. — Dans ces occasions, on internera provisoirement dans un lieu d'essai et d'attente.

M. Pagès. — Mais il faudrait que des soins fussent assurés aux malades ainsi placés.

M. Blanche. — Le bureau d'admission actuellement établi à Paris pourrait aisément remplir ces fonctions.

153. D. — En dehors de l'organisation du jury, quelles dispositions considérez-vous comme utiles à introduire dans la loi ?

R. — Je n'en vois presque aucune.

154. D. — Il peut arriver cependant qu'un individu non aliéné se trouve dans un asile ?

R. — Je ne pense pas que les visites faites par les magistrats, à jour fixe, présentent des garanties suffisantes. Il faudrait interdire aux directeurs d'entraver les communications des aliénés avec l'extérieur.

M. Blanche. — Les visites n'ont pas lieu à jour et à heure fixes. En cas de réclamation le magistrat peut prendre tous les renseignements possibles.

M. Garsonnet. — Je voudrais que le directeur d'une maison de santé ne pût retenir les lettres. En fait, on empêche souvent les correspondances.

M. Blanche. — La loi de 1838 défend de retenir les lettres adressées aux magistrats.

M. Dubois. — Voulez-vous la liberté absolue des correspondances ?

M. Garsonnet. — Les lettres devraient, tout au moins, être envoyées à une commission de surveillance ou à des magistrats.

155. D. — Ne refusez-vous pas le droit de placement aux personnes qui ne sont pas parentes ? Ne pensez-vous pas qu'au cas où un aliéné n'aurait pas de parents ou que ceux-ci ne provoqueraient aucune mesure, ce serait au ministère public à requérir le placement sur la demande d'un tiers ?

R. — C'est en effet mon opinion.

156. D. — Ne voyez-vous rien à prescrire après l'entrée de l'aliéné dans l'asile ?

R. — Je ne vois rien de pratique à ordonner après l'entrée. Tout doit reposer sur les précautions préventives.

157. D. — Comment remplaceriez-vous les jurys dont vous convenez que le fonctionnement serait difficile en pratique ?

R. — Les difficultés de ce fonctionnement demanderaient à être soigneusement examinées. A Paris, la Cour d'assises siège constamment et pourrait statuer sur le sort des aliénés ou prétendus tels.

M. Pagès. — Mais ne pensez-vous pas que les familles résisteraient à la nécessité de comparaître devant une telle juridiction ? Elles chercheraient à faire entrer dans des couvents leurs membres qui seraient aliénés ou les séquestreraient elles-mêmes.

R. — La loi est là pour punir les séquestrations arbitraires. Tout vaut mieux que les séquestrations légales et abusives, dût-on pour les éviter laisser en liberté des gens qui devraient être enfermés.

158. D. — Qui constituez-vous juge pour statuer sur les réclamations et demandes de sortie ?

R. — Les articles 58 et suivants du projet de MM. Gambetta et Magnin contiennent des dispositions à cet égard. C'est également le jury qui statuerait sur les réclamations soit de l'aliéné soit de toute autre personne.

M. Ribot. — Mais alors le jury devrait être maintenu en permanence ; les réclamations des aliénés le forceraient à se réunir tous les jours.

R. — Je reconnais qu'il y aurait là une difficulté pratique.

M. le Président : La Commission vous remercie de votre intéressante déposition.

Suite de l'incident relatif au capitaine B*** (voir la séance précédente, déposition de M. Picot).

M. le docteur Blanche. — Dans la dernière séance, M. Picot nous a dit que le cas du capitaine B... était le seul qui lui eût laissé l'impression d'une séquestration trop prolongée. Cette observation concerne les circonstances qui ont motivé, non l'entrée, mais la sortie de M. B.. de la maison de Charenton. Sans parler des causes qui avaient rendu l'internement nécessaire, je crois devoir vous lire le rapport que j'ai déposé le 20 mai 1857, et dont le tribunal, par un jugement du mois d'août suivant, n'a pas admis les conclusions.

M. le docteur Blanche donne lecture d'un rapport, duquel il résulte que si le capitaine B... ne manifestait pas le désordre de ses idées par des propos incohérents, si sa conversation au premier abord paraissait sensée, il n'en était pas moins atteint d'une altération profonde des facultés intellectuelles et affectives, et poursuivi par l'idée fixe d'une persécution sans motifs dont il aurait été victime et dont il rendait tout à la fois responsables ses parents et ses chefs, que le séjour dans une maison de santé lui était donc nécessaire. Le tribunal, ajoute M. le docteur Blanche, n'a point partagé cette opinion ; il a ordonné la mise en liberté, et depuis, je dois dire qu'aucun fait ne s'est produit de nature à révéler les inconvénients de cette mesure. Mais je n'en conclus pas que la séquestration, que j'étais d'avis de maintenir, fût un acte de prudence excessive.

M. Picot. — Le tribunal a entendu le capitaine B..., à sept reprises différentes, soit à Charenton, soit dans la chambre du conseil. Il n'a vu en lui qu'un original, un peu exalté par l'usage de l'absinthe et l'habitude du café, par des ennuis et des malheurs de famille. Il n'y avait aucun désordre dans son langage. Il est vrai qu'il ne s'est adressé qu'une fois, et bien tardivement, à l'autorité judiciaire ; mais il réclamait sans cesse au ministère de la guerre contre ce qu'il appelait ses arrêts forcés dans l'asile de Charenton. Il se consolait de son internement par l'étude des mathématiques et, portant assez loin le travers très-répandu parmi les hommes d'étude, il aimait mieux travailler dans une chambre mal tenue que de laisser des gens de service toucher à ses papiers. Ce ne sont pas là des signes d'aliénation.

Il y a un double enseignement à tirer de ce cas. Le premier, c'est que si la loi de 1838 a suffi pour mettre un terme à une situation que le tribunal ne croyait pas justifiée, la procédure, mise en mouvement par l'interné lui-même, a été bien longtemps différée. Le second, c'est l'utilité d'une commission permanente, dont les visites, plus régulières et plus fréquentes, auraient sans doute appelé l'attention sur le capitaine B... avant qu'il se résolût lui-même à invoquer le secours de la justice.

M. le docteur BLANCHE. — Je ne puis croire qu'un homme sain d'esprit aurait attendu sept ans la réponse à des lettres que ni l'empereur, ni le ministre de la guerre ne prenaient en considération. Il se serait informé, et il aurait appris qu'il y avait des moyens plus sûrs d'obtenir justice. Soyez persuadés que le capitaine B... était considéré à Charenton comme un aliéné des plus dangereux.

M. GARSONNET. — Cependant je ne connais pas un original sur le compte duquel on ne puisse faire un rapport circonstancié, tel que celui dont M. le docteur Blanche vient de donner lecture. Ce rapport m'effraie.

M. le docteur BLANCHE. — Nous sommes médecin et nous croyons pouvoir distinguer un aliéné d'un original. Ma conviction, au sujet du capitaine B... n'a pas changé ; c'était bien un aliéné ; il faut souhaiter qu'un jour il n'en donne pas de nouvelles preuves.

A la suite de ces observations l'incident est clos.

M. LUNIER, *inspecteur général des établissements des aliénés*, est invité à déposer :

159. D. — Quelles sont les modifications que vous croiriez utile d'apporter à la loi de 1838 ?

R. — Je crois qu'elle renferme peu de dispositions à modifier ; mais il y en aurait quelques-unes à y ajouter. La loi peut donner satisfaction à tous les vœux qui ont été formulés, seulement il faudrait l'interpréter d'une manière très-large ; des articles conçus en termes précis et détaillés seraient préférables.

Ainsi, on s'accorde à reconnaître que les garanties prescrites pour l'entrée dans un asile seraient suffisantes si elles étaient scrupuleusement observées ; on pourrait demander toutefois un second certificat de médecin. Le contrôle des certificats par la magistrature est inadmissible ; ce qu'il faut entourer de garanties, c'est l'usage qui sera fait par la famille de ces certificats. Sans doute, on ne peut supprimer le droit de la famille ; mais on ne peut exiger que les chefs d'établissements saisissent à bref délai l'autorité administrative et l'autorité judiciaire. Il y aurait avantage à former un comité permanent qui les représenterait l'une et l'autre et auquel seraient adressés tous les documents relatifs à l'internement des aliénés. Ce comité serait un comité de visiteurs ; il faudrait donc que ses membres pussent se transporter promptement auprès du malade ; il déléguerait pour chaque visite un magistrat et un médecin.

Ces comités de visiteurs devraient être mis en rapport continuel et hiérarchique avec l'inspection générale ; leur rôle, en effet, se bornerait à surveiller chaque malade individuellement, à s'assurer de son état ; ils ne pourraient, sans provoquer des conflits, s'occuper du régime intérieur des établissements : c'est là le rôle de l'inspection générale, qui ne le remplit peut-être pas aujourd'hui aussi complètement qu'on pourrait le désirer, mais qui sans doute y suffirait avec le précieux concours des comités locaux.

Que le placement d'office soit ordonné par l'autorité administrative ou par l'autorité judiciaire, cela est indifférent au médecin. Il importe peu que la première garde l'initiative pourvu qu'elle saisisse immédiatement la seconde. Ce dont on ne se préoccupe pas assez lorsqu'on propose d'augmenter les formalités avant l'entrée, c'est l'intérêt des malades. Je ne partage pas, à cet égard, l'opinion de M. le docteur Blanche qui paraît douter qu'on guérisse jamais l'aliénation mentale : la statistique en main, je crois pouvoir affirmer qu'un tiers des cas, après traitement, aboutissent à une guérison. Il faut donc bien se garder d'apporter trop d'entraves aux placements qu'on est tenté, à première vue, de considérer comme prématurés. Cela est d'autant plus grave que certains établissements de l'étranger offrent, sous ce rapport, de grandes facilités, et les offrent dans des conditions souvent déplorables. Les lois devraient interdire le placement d'un aliéné à l'étranger, à moins que l'autorité de son pays ne fût prévenue ; il en est ainsi dans le canton de Neuchâtel. Il faudrait généraliser cette excellente disposition par voie diplomatique. Souvent, quand un Français est admis dans un asile étranger, on prévient officieusement le ministre français, mais il n'y a pas à cet égard de règle formelle ; car beaucoup de maisons à l'étranger sont soustraites à toute surveillance légale et ne présentent d'autre garantie de sécurité que l'honorabilité personnelle du directeur.

Pour les aliénés soignés à domicile, la surveillance présente bien des difficultés, mais elle est indispensable. La séquestration par les familles, accompagnée parfois de moyens de contrainte, est un abus assez, fréquent que la loi sur les aliénés ne prévoit pas, que la loi pénale seule peut atteindre et seulement dans certains cas déterminés. Du moment que la garde ou le traitement de l'aliéné exigent la contrainte, l'autorité devrait être avertie. Le traitement dans une maison autre que celle de la famille de l'aliéné devrait aussi, pour la surveillance, être assimilé au traitement dans les asiles.

Quant aux maisons non autorisées, clandestines, laïques ou religieuses, exerçant de bonne foi, nous en connaissons tous; mais comme inspecteur général, je ne pourrais les visiter sans un ordre du ministre; nous n'avons pas de mandat général comme en Angleterre.

Il y aurait donc quelque combinaison à trouver pour rendre l'inspection plus fructueuse, pour la mettre en mouvement, de telle sorte qu'elle s'exerçât de la manière la plus utile.

M. Ribot. — Le parquet peut se faire ouvrir tout établissement, même non autorisé.

M. Lunier. — Le parquet, mais non l'inspection. D'ailleurs le parquet n'use pas de son droit. Le traitement clandestin, surtout dans les couvents, date de longues années ; c'est une tradition que l'on tolère. Ici encore nous pouvons constater que la loi est strictement suffisante pour prévenir les abus, mais comme ses prescriptions ne sont pas formelles, explicites, elles laissent trop de facilités à la tolérance.

Les placements volontaires, quand ils sont faits par un ami, inspirent quelque méfiance. Il faudrait exiger le visa de la magistrature, du juge de paix ou du président du tribunal. Ce cas se présente assez fréquemment, surtout pour les étrangers ; alors on prévient l'ambassade ; pourquoi ne pas avertir aussi l'autorité locale ?

160. D. — Comment proposez-vous d'organiser les placements d'office ?

R. — Le mode de procéder actuellement adopté à Paris me paraît défectueux. Les individus arrêtés sur la voie publique comme atteints d'aliénation mentale sont conduits au dépôt de la Préfecture de police où ils se trouvent, jusqu'à un certain point, confondus avec les détenus. Il arrive quelquefois qu'on en place deux ensemble dans une loge beaucoup trop étroite. Ces malheureux ne s'étant rendus coupables d'aucun délit, les procédés en usage ont un caractère véritablement arbitraire.

161. D. — Comment pourrait-on, suivant vous, remédier aux vices de cette organisation ?

R. — Je voudrais voir établir un lieu de dépôt intermédiaire, analogue à celui qui existe à Sainte-Anne, mais distinct de l'asile ; on a commis une faute grave en plaçant le bureau d'admission dans l'asile même.

Je voudrais, en outre, qu'une délégation du comité siégeât en permanence au bureau d'admission où aurait lieu l'examen des malades et que le placement ne fût considéré comme définitif qu'après la visite de la commission permanente.

162. D. — Quelles décisions devraient être prises à l'égard des aliénés criminels ?

R. — J'estime que lorsqu'un individu arrêté comme coupable d'un crime ou d'un délit est reconnu aliéné, il y a lieu de le faire transférer d'office dans un asile, dès que l'ordonnance de non-lieu est rendue.

163. D. — Proposez-vous d'étendre à la province l'institution des commissions permanentes ?

R. — Sans aucun doute. Il serait facile de les constituer.

164. D. — Pensez-vous qu'il soit nécessaire d'en organiser une dans chaque département, même dans ceux où n'existe aucun asile d'aliénés ?

R. — Je n'hésite pas à répondre affirmativement. Dans les départements dépourvus d'asiles spéciaux, la commission trouverait encore à fonctionner relativement aux aliénés soignés à domicile et à ceux qui doivent être placés dans d'autres départements.

165. D. — Quels seraient les éléments qui entreraient dans la composition de la commission permanente ?

R. — Je proposerais de la composer de deux magistrats, de deux médecins et d'un inspecteur départemental qui serait nécessairement un médecin spécialiste.

166. D. — L'inspection départementale vous paraît-elle présenter des avantages sérieux ?

R. — Très-sérieux, notamment dans l'intérêt des aliénés convalescents et de ceux assistés ou traités en dehors des asiles.

167. D. — Veuillez vous expliquer sur les conditions de sortie.

R. — Il me paraît impossible de poser des règles générales. Il est des malades dont l'état se trouve modifié à la suite d'un séjour plus ou moins prolongé : tel est le cas des alcooliques. Chez d'autres, au contraire, la perversion des facultés mentales est telle qu'à aucun moment ils ne peuvent être, malgré les apparences contraires, considérés comme inoffensifs, et qu'il serait souverainement imprudent de les rendre à la liberté : livrés à eux-mêmes, ils redeviennent dangereux.

168. D. — Pensez-vous qu'il soit absolument nécessaire d'interner tous les aliénés sans distinction ?

R. — Je ne le pense pas. Point n'est besoin, en général du moins, de séquestrer les idiots, les crétins, les déments séniles et les déments hémiplégiques. Cependant, il arrive souvent qu'on les admette dans les asiles : c'est ce qui se produit, notamment, dans les départements dont les aliénés sont placés dans des quartiers d'hospices ; les commissions administratives de ces établissements trouvent, en effet, dans ce mode de procéder un avantage budgétaire.

Il va de soi, d'ailleurs, que mon observation ne saurait s'étendre aux infirmes de l'intelligence qui sont en même temps dangereux. Je dois ajouter que, pour les filles idiotes, lorsqu'elles ont un certain âge, la liberté est pleine de périls. Aussi trouve-t-on, dans les asiles, plus d'idiotes que d'idiots. On peut évaluer à 40,000 le nombre des idiots et crétins laissés en liberté ; la plupart se trouvent dans les campagnes, où la surveillance de l'entourage suffit pour les protéger.

169. D. — Quelle est votre opinion sur le traitement à domicile ?

R. — Les personnes dont la position de fortune est aisée peuvent, dans certains cas, adopter ce mode de traitement ; mais je le crois impraticable pour les autres classes, même dans les campagnes.

170. D. — Peut-il arriver, suivant vous, que la libération d'une personne légitimement séquestrée dans un asile se trouve retardée parce qu'elle ne sait à quels moyens recourir pour obtenir sa liberté, alors qu'il n'y aurait plus aucun inconvénient à la lui accorder ?

R. — Je crois le cas possible, quoique assurément fort rare. Pour le prévenir, je reconnaîtrais aux comités de visiteurs le droit de provoquer des essais de mise en liberté. Je dois faire observer que des essais de ce genre se font dans plusieurs départements, par l'effet d'une pression budgétaire, aux approches de la session des conseils généraux.

171. D. — Avez-vous quelque modification à proposer au système des certificats d'admission ?

R. — Ils ne devraient point conserver leur valeur pendant quinze jours : certains aliénés, les alcooliques notamment, sont guéris dans un espace de temps beaucoup plus court. Je limiterais à sept jours l'effet du certificat à fin d'admission.

172. D. — Verriez-vous quelque inconvénient à permettre à l'aliéné qui se sent atteint, de provoquer lui-même son placement, ainsi que cela se pratique, par exemple, en Hollande.

R. — Je n'y verrais que des avantages.

173. D. — Veuillez préciser les limites dans lesquelles doivent se renfermer, à votre avis, les mesures provisoires à prendre ?

R. — Je n'admettrais pas qu'en aucun cas un aliéné pût être placé d'office dans un asile, sans un certificat de médecin. Les pouvoirs de l'autorité administrative doivent se borner à l'arrestation. Je reconnais cependant que, dans les campagnes, les maires se trouvent quelquefois embarrassés pour les mesures provisoires à prendre en vertu de l'article 19 de la loi de 1838. Beaucoup de préfets, en effet, s'opposant à l'envoi direct des aliénés dans les asiles, ces malheureux sont promenés d'auberge en auberge, et relégués souvent dans de misérables réduits. Cet état de choses appelle une réforme.

174. D. — Avez-vous quelque observation à présenter au point de vue de l'administration des biens ?

R. — La loi ne constitue de tutelle légale qu'aux individus placés dans des asiles publics. La commission permanente devrait jouer le rôle d'administrateur provisoire vis-à-vis de tous les aliénés qui n'ont point d'administrateur spécial. En outre, lorsque l'administrateur provisoire se trouve être un parent, il y aurait lieu de provoquer la nomination d'un curateur chargé de veiller à ce que les revenus de l'aliéné soient employés à l'amélioration de sa position. Enfin, je proposerais d'étendre les pouvoirs de l'administrateur, par exemple au point de vue des baux à passer, etc., sauf à exiger l'homologation du tribunal.

175. D. — Comment proposez-vous d'organiser la séquestration des aliénés criminels ?

R. — Il me paraît absolument nécessaire que des asiles ou des quartiers spéciaux leur soient consacrés. Ces asiles spéciaux ne recevraient que des individus appartenant à l'une des trois classes suivantes :

1° Ceux qui deviennent aliénés après une condamnation prononcée ; — en effet, ayant été reconnus coupables, ils ne sauraient être, sans inconvénient, confondus avec les aliénés ordinaires ;

2° Ceux qui ont été inculpés de crimes entraînant la condamnation à des peines infamantes, et qui ont fait l'objet d'une ordonnance de non-lieu ; — en effet, les précautions qu'il est indispensable de prendre à leur égard commandent aussi de les séparer des autres aliénés ;

3° Ceux qui sont indisciplinés, qui prennent en aversion les médecins, les magistrats, les sœurs, les servants, et dont la présence dans les asiles ordinaires constitue un danger permanent ; — en effet, leur traitement exige des mesures qui, dans un asile ordinaire, gêneraient l'ensemble du service.

Je m'arrête ici, m'en référant pour toutes les autres questions à la communication que j'ai faite il y a deux ans sur ce sujet devant la Société de législation comparée.

A la suite de cette déposition, M. Ribot, propose de clore l'enquête et de passer à la discussion. Tous les faits utiles à connaître ont été produits; il reste à en tirer des éléments pratiques. Si la commission le jugeait convenable, un travail préparatoire pourrait être élaboré et lui serait soumis à sa prochaine réunion. Ce travail consisterait, d'une part, en un résumé de l'enquête, et, d'autre part, en un tableau des modifications à introduire dans la législation relative aux aliénés, tableau présenté sous la forme d'articles de loi.

M. LUNIER : Je dois faire observer que la Société de législation comparée s'est interdit, aux termes du son règlement, toute espèce de vote.

M. RIBOT : Aussi ne s'agit-il point, dans ma pensée, d'un vote général. Chacun des membres de la Commission prendrait seul la responsabilité de son opinion individuelle.

La proposition de M. Ribot est adoptée.

La séance est levée à onze heures un quart.

RÉSUMÉ DE L'ENQUÊTE

Par M. G. Dubois, substitut au tribunal de la Seine.

Observations générales. — La plupart des déposants ont reconnu que les critiques adressées à la législation française sur le régime des aliénés étaient, en général, exagérées, quelquefois même injustes, notamment en ce qui concerne la prétendue facilité qu'elle laisserait aux séquestrations arbitraires.

M. Vaney a déclaré qu'il n'avait jamais eu à constater d'atteinte à la liberté individuelle. MM. Ribot et Pagès ont fait une déclaration semblable.

M. Picot a cité un cas d'internement indûment prolongé suivant lui. Son appréciation a été discutée par M. le docteur Blanche.

M. Garsonnet a rappelé deux exemples fort connus de séquestration réputée arbitraire. Le caractère qu'il attribuait à ces faits a été également contesté.

Mais les membres de la commission ont paru unanimes à penser qu'une réforme partielle de la législation existante était commandée, sinon par la constatation d'abus flagrants, du moins par la nécessité de répondre aux préoccupations de l'opinion publique.

Institution d'une commission permanente. — L'innovation qui paraît avoir obtenu le plus de faveur parmi celles qui ont été proposées, innovation qui domine le sujet tout entier, est l'institution d'une commission permanente, siégeant au chef-lieu de chaque arrondissement.

Cette idée a été plus particulièrement patronnée par MM. Blanche, Falret, Lunier, Motet, Picot, Ribot et Vaney. Elle a été expressément repoussée par MM. Garsonnet, Pagès et Voisin.

MM. Blanche et Falret ont proposé de faire entrer dans la composition de cette commission des médecins, des magistrats et des administrateurs; ils ne se sont expliqués ni sur le nombre des membres, ni sur le mode de leur nomination.

M. Lunier a proposé de former la commission permanente de deux magistrats, deux médecins et un inspecteur départemental, qui devrait être choisi nécessairement parmi les médecins spécialistes.

MM. Ribot et Picot ont présenté tous deux le même système. La commission serait composée d'un certain nombre de médecins, choisis par l'autorité judiciaire, et d'un nombre égal de magistrats du parquet, ainsi que d'un ou plusieurs avocats désignés par le conseil de l'ordre, d'un ou plusieurs notaires et avoués désignés par leurs chambres de discipline respectives, et de quelques membres désignés par le conseil général.

M. Vaney a proposé de composer la commission d'un médecin nommé par le président de la Cour d'appel, un médecin désigné par la préfecture et un magistrat du parquet.

Il a ajouté que la commission devrait s'adjoindre un secrétaire et faire tenir des archives, afin de centraliser les documents, cette institution étant particulièrement destinée à relier entre elles les diverses inspections, aujourd'hui isolées les unes des autres.

M Falret a fait remarquer, à ce même point de vue d'un esprit de suite, les avantages que présenterait la permanence de la commission.

M. Lunier a signalé l'utilité de cette institution, même au chef-lieu des arrondissements dans lesquels ne se trouverait aucun asile : la commission y fonctionnerait, du moins, pour la surveillance des aliénés soignés à domicile et pour l'examen des aliénés originaires de l'arrondissement, avant leur envoi dans un asile.

M. Picot a fait remarquer qu'en dehors de toute disposition législative spéciale il s'était déjà formé dans quelques localités, notamment à Toulouse et à Privas, une sorte de commission permanente par la réunion toute spontanée des divers inspecteurs locaux.

Dans la pensée de ceux qui en ont proposé la création, la commission permanente aurait des attributions de diverse nature, particulièrement en ce qui concerne les placements volontaires ou d'office, l'inspection, l'examen des réclamations à fin de sortie, la gestion des biens, etc. Les propositions qui se sont produites au cours de l'enquête, relativement à ces attributions, vont être successivement passées en revue à propos de chacun des points spéciaux auxquels elles se réfèrent. (V. plus bas *placements d'office, placements volontaires, sortie, gestion des biens, inspections*, etc.)

Jurys spéciaux — M. Pagès juge l'institution d'une commission permanente inutile et pense que les attributions qu'on propose de lui donner pourraient être conférées à la chambre du conseil du tribunal civil. Si cette mesure paraissait insuffisante pour satisfaire l'opinion publique, M. Pagès irait jusqu'à proposer la formation d'un jury spécial, recruté par l'Académie de médecine, le conseil de l'ordre des avocats et le conseil municipal, parmi les médecins, les avocats et les conseillers municipaux.

M. Garsonnet, reprenant les bases d'un projet de loi présenté au Corps législatif, en 1870, par MM. Gambetta et Magnin, propose également d'instituer un jury spécial, qui aurait, à Paris, un caractère de permanence. Il ne paraît même pas éloigné de l'idée d'attribuer au jury ordinaire, siégeant à la Cour d'assises, la compétence spéciale relative au placement des aliénés dans les asiles.

Conseil médical supérieur. — M. Dagonet s'est montré partisan de l'institution d'un conseil médical supérieur, fonctionnant d'une manière permanente, comme en Angleterre. Il conviendrait de faire entrer quelques magistrats dans la composition de ce conseil supérieur, qui serait chargé d'étudier toutes les questions et de résoudre toutes les difficultés soulevées par le régime des établissements d'aliénés, qui pourrait être utilement consulté par l'administration, assurerait la marche uniforme des services, et donnerait une impulsion féconde au progrès scientifique.

Comités de surveillance. — A la création d'une commission permanente unique par département, M. Dagonet préfère la formation d'autant de comités de surveillance distincts qu'il y aura d'asiles. Les commissions administratives actuelles, dont les membres sont quelquefois disposés à ne voir dans leurs fonctions qu'un titre honorifique, seraient supprimées et remplacées par les nouveaux comités de surveillance, dont les membres seraient rétribués, et qui seraient composés d'un magistrat et un médecin.

Placements. — En ce qui concerne les placements, M. Vaney a émis l'opinion qu'il convenait d'en laisser aux médecins seuls la responsabilité immédiate, sous la réserve d'une visite qui serait faite par un membre de la commission permanente. D'autre part, MM. Pagès et Picot ont fait observer qu'il devait appartenir à la justice seule de statuer sur toutes les questions qui se rattachent à la liberté individuelle.

Il y a lieu de distinguer tout d'abord entre les placements d'office et les placements volontaires.

Placements d'office. — MM. Ribot et Vaney pensent qu'il y aurait de inconvénients à transférer les pouvoirs de placements de la préfecture au parquet ; il faut laisser à l'autorité administrative le droit de prendre d'urgence les mesures nécessaires à l'égard des aliénés dont l'état présente des dangers pour la sécurité publique.

Mais MM. Blanche, Lunier et Ribot se sont élevés contre l'usage qui s'est établi à Paris, d'envoyer tout d'abord les aliénés au dépôt de la préfecture de police ; c'est un abus que condamne la loi de 1838.

MM. Blanche et Motet estiment que les commissaires de police doivent user largement du droit de prendre des mesures provisoires en cas de danger imminent, qui leur est conféré par l'article 19 de cette loi, et qu'une circulaire récente de la préfecture de police a eu pour effet de restreindre. Les fonctionnaires feraient constater l'état d'aliénation mentale à leur commissariat même par le médecin qui est à leur disposition. En cas d'intervention de la famille, ajoute le docteur Motet, le placement prendrait le caractère d'un placement volontaire.

M. Picot est d'avis qu'aucun placement d'office ne devrait être fait, à Paris, sans l'intervention du juge d'instruction qui siège au petit parquet, lequel, après examen du dossier produit par le commissaire de police qui a procédé à l'arrestation, donnerait ou refuserait son autorisation. Dans les départements, le magistrat serait informé du placement aussitôt après qu'il aurait été opéré, et se transporterait auprès du malade dans les trois jours, pour régulariser la mesure.

M. Vaney propose de décider que tout aliéné devra être visité, aussitôt après son placement, par un membre de la commission permanente, qui se rendra seul auprès de lui.

M. Ribot juge préférable que cette visite soit faite par deux membres de la commission, dont l'un serait toujours un médecin, afin que l'état du malade puisse être apprécié au double point de vue médical et judiciaire. Cette visite aurait lieu dans les vingt-quatre heures du placement ; le résultat en serait constaté par un rapport écrit et signé, qui serait adressé à la commission.

M. Dagonet pense qu'il suffirait d'une visite faite une ou deux fois par semaine, dans chaque asile, par un juge d'instruction qui prendrait connaissance des dossiers concernant les malades nouvellement admis, les interrogerait et ratifierait les placements par une approbation écrite, ou bien, en cas de doute, provoquerait une enquête.

Tout en laissant à l'administration le droit de s'assurer de la personne de l'aliéné, M. Pagès voudrait que, dans les vingt-quatre heures qui suivent tout placement d'office, le tribunal fût saisi par une requête adressée à la chambre du conseil, qui statuerait définitivement sur l'internement, après s'être éclairée de l'avis de médecins experts commis par elle, et, au besoin, après avoir ordonné le transport d'un juge et d'un membre du parquet auprès de l'aliéné.

M. Blanche propose de restreindre aux cas douteux la nécessité d'une visite. La commission permanente apposerait son visa sur le certificat de placement ; elle pourrait, lorsqu'elle ne se jugerait point suffisamment éclairée, déléguer un ou deux de ses membres, et plus particulièrement un aliéniste, pour procéder à une nouvelle consultation. Dans le cas d'une mesure provisoire prise d'urgence par un commissaire de police, le directeur du bureau d'examen dont il va être parlé ci-après transmettrait immédiatement un bulletin, rédigé suivant la formule donnée par l'autorité, à la commission permanente, qui ordonnerait une vérification.

Convaincu que le médecin ne doit jouer d'autre rôle que celui d'un expert, et que la décision doit être rendue par des hommes sans opinions préconçues, M. Garsonnet pense qu'aucun placement ne doit être opéré sans l'intervention d'un jury. Il est, toutefois, disposé à admettre, pour les cas d'urgence, l'internement provisoire dans un lieu d'attente.

Placements volontaires. — En ce qui touche les placements volontaires, aucun déposant n'a exprimé la pensée qu'il convint de restreindre le droit de les provoquer. M. Motet a même insisté pour que ce droit ne fût point réservé aux parents de la personne à interner.

Toutefois, M. Garsonnet estime qu'au cas où elle n'aurait point de parents, ou bien au cas où ses parents négligeraient de provoquer aucune mesure, le droit de requérir le placement à la demande d'un tiers devrait être réservé au ministère public.

M. Lunier voudrait aussi qu'on exigeât le visa de l'autorité judiciaire en cas de placement requis par un ami.

Il a ajouté que l'on pourrait permettre au malade qui se sent atteint de provoquer lui-même son placement, ainsi que cela se pratique, par exemple, en Hollande.

Au point de vue des formalités d'admission, M. Voisin considère comme suffisants les deux certificats exigés par la législation actuelle.

M. Lunier voudrait qu'on limitât à sept jours l'effet du certificat d'admission.

M. Falret voudrait que le certificat d'admission et le certificat de quinzaine fussent rédigés par le même médecin.

M. Motet considérerait comme fâcheux qu'on réservât à certains médecins le droit de délivrer les certificats d'admission.

Il voudrait que ces documents fussent rédigés dans des termes plus détaillés. Ils seraient transmis à la commission permanente, qui, en cas de doute, enverrait le médecin de l'administration visiter le malade à domicile.

M. Blanche pense également qu'il faudrait procéder, avant le placement, à l'examen officiel de la personne à séquestrer, ainsi qu'à toutes les investigations qui, aujourd'hui, n'ont lieu que postérieurement. Une consultation, c'est-à-dire un examen fait de concert, lui paraît préférable au système anglais, consistant à exiger l'avis conforme de deux médecins ayant procédé séparément à la visite du malade.

La plupart des autres déposants ont étendu aux placements volontaires les dispositions qu'ils ont proposées pour les placements d'office, au point de vue de l'intervention de la commission permanente, de la chambre du conseil ou du jury. M. Picot, notamment, indique, pour tous les placements volontaires, tant à Paris qu'en province, le mode de procéder qu'il adopte pour les placements d'office dans les départements.

Temps d'épreuve dans un bureau d'admission. — Parmi les questions qui ont été agitées s'est élevée celle de savoir s'il conviendrait de faire précéder l'internement définitif d'un temps d'épreuve dans un lieu d'admission.

M. Vaney juge cette mesure inutile.

M. Blanche pense, au contraire, qu'il y aurait utilité, pour les placements d'office comme pour les placements volontaires, à établir un dépôt spécial et public d'observation et de surveillance préalable, où tous les malades seraient d'abord conduits, et où la commission les ferait visiter.

M. Falret demande qu'on institue, dans chaque asile, une section d'attente absolument distincte de l'asile lui-même, où l'aliéné resterait en observation pendant trois ou quatre jours.

M. Lunier voudrait aussi que le bureau d'admission fût distinct de l'asile. Une commission y siégerait en permanence pour l'examen définitif.

M. Dagonet, médecin à l'asile de Sainte-Anne, a donné des détails intéressants sur le service d'admission créé dans cet établissement. Il a été institué pour remplacer le dépôt de la préfecture de police, mais fait aujourd'hui double emploi avec lui, l'usage de conduire au dépôt les aliénés arrêtés sur la voie publique s'étant malheureusement maintenu. Il fonctionne donc surtout comme service de répartition des malades entre les divers asiles de Paris : à ce point de vue, il ne procède à aucune vérification, l'examen ayant été fait par les médecins de la préfecture. Cependant, il reçoit encore directement des malades sur la demande des commissaires de police avant tout arrêté de placement, et rentre alors dans l'objet de son institution primitive; dans ce cas, les médecins du service d'admission se livrent à un examen destiné à éclairer l'administration.

Aliénés qui peuvent être laissés en liberté. — Il est certaines classes d'aliénés dont la séquestration peut ne point être nécessaire. Tels sont, en général, les idiots, les déments, les paralytiques, les épileptiques.

MM. Lunier, Motet et Vancy pensent que les aliénés qui rentrent dans ces diverses catégories pourraient souvent être conservés par leur famille, particulièrement à la campagne.

MM. Lunier et Voisin sont d'accord pour considérer que, dans les départements, les idiots peuvent être laissés en liberté sans danger, à la différence des idiotes, qui ne sauraient être, au point de vue des mœurs publiques, abandonnées à elles-mêmes. Mais, dans l'opinion de M. Voisin, les déments et les paralytiques généraux doivent être internés, et la même mesure doit être prise, dans la plupart des cas, à l'égard des épileptiques généraux.

D'ailleurs, ainsi que l'ont fait observer MM. Falret et Motet, il paraît difficile de fixer un criterium absolu, les questions de cette nature variant suivant les individus, et dépendant du milieu aussi bien que de la maladie.

Suivant M. Blanche, il y aurait, en principe, grand avantage pour les malades dont il s'agit à être séquestrés dans des asiles : ils y trouveraient un ensemble de soins, une sécurité et un bien-être qui leur manqueraient dans leurs familles.

Traitement à domicile. — Cette question de l'internement des incurables inoffensifs se rattache, en effet, à celle du traitement à domicile, qui, aux yeux de M. Blanche, n'offre aucune garantie et présente de sérieux dangers pour l'aliéné lui-même, comme pour sa famille, par suite du défaut de surveillance sur les gardiens. On ne soigne à domicile, suivant une observation faite par lui, ainsi que par MM. Falret et Voisin, que des déments, des imbéciles et des paralytiques, et il existe, même parmi eux, des variétés qui rendent l'internement nécessaire.

MM. Blanche, Lunier et Motet ont fait remarquer que le traitement à domicile n'est accessible qu'aux familles privilégiées sous le rapport de la fortune, qui se trouvent obligées de faire une véritable maison de santé spéciale pour le parent aliéné qu'elles ne veulent point placer dans un asile.

Pour que le traitement à domicile offrît quelque sécurité, il faudrait, suivant M. Voisin, que le malade fût isolé dans la maison, et qu'une personne de la famille veillât continuellement près de lui.

MM. Blanche, Lunier et Motet ont exprimé le vœu que tout traitement à domicile fût soumis aux mêmes formalités que le placement dans un asile, afin de prévenir le danger des séquestrations arbitraires, trop faciles dans ces conditions. M. Voisin voudrait que l'autorité fût avisée dès le début du traitement.

La même pensée a été émise relativement au traitement dans des maisons religieuses, dont l'autorité ignore officiellement l'existence, où les soins sont imparfaits, et où des séquestrations illégales peuvent se produire, à en juger par un exemple que M. Voisin a cité.

M. Falret propose d'assimiler à un asile toute maison où seraient traités un nombre déterminé d'aliénés, ainsi que cela a lieu dans certains pays.

M. Lunier demande qu'on interdise tout placement d'aliéné à l'étranger, à moins d'avis donné aux autorités de son pays.

Spécialité des asiles. — Quant aux établissements mixtes, renfermant à la fois des aliénés et des malades non atteints d'aliénation mentale, M. Motet voudrait qu'ils fussent proscrits sous des peines sévères.

A ce point de vue, M. Dagonet a fait remarquer que, par suite d'un regrettable abus, quelques asiles étaient devenus le refuge de toutes les infirmités qui portent une atteinte plus ou moins grave au système nerveux ; de simples affaiblis de l'intelligence se sont vus soumis ainsi à un régime légal et coercitif, que leur situation ne commandait pas, et ces envahissements ont eu pour effet d'amener l'encombrement des asiles.

MM. Lunier et Voisin, qui ont présenté les mêmes observations, blâment avec M. Dagonet les envois de paralytiques dans des asiles, envois que font les hospices civils par l'intermédiaire du bureau d'admission. Ce procédé est employé par les commissions consultatives de ces hospices, pour mettre les malades en question à la charge du département, et décharger d'autant le budget de la commune : il faudrait mettre un terme à cet abus.

Inspection. — La question de l'inspection des asiles d'aliénés n'est pas moins importante que celle des placements.

MM. Blanche et Lunier ont fait remarquer que les inspections générales ont un caractère plutôt administratif que médical.

Quant aux inspections départementales, M. Lunier les juge utiles, notamment au point de vue des convalescents.

Les inspections locales ne paraissent point à MM. Blanche et Pagès présenter le même degré d'utilité. Ils font remarquer qu'il sera toujours possible à un directeur d'asile, en le supposant malhonnête homme, de dissimuler un malade.

MM. Blanche, Dagonet et Vaney ont, d'ailleurs, fait observer que le système de visites organisé par l'article 4 de la loi de 1838 (visites du préfet, du président, du juge de paix et du maire) ne fonctionne que très-imparfaitement, et que ces inspections ne peuvent être qu'illusoires, les fonctionnaires qui y procèdent ne connaissant point la population de chaque asile et étant obligés de s'en rapporter au médecin de l'établissement.

Il leur est d'autant plus difficile de s'éclairer que, suivant une remarque faite par MM. Ribot et Vaney, les annotations mensuelles manquent souvent dans les établissements publics, et que les cahiers d'observations quotidiennes n'existent pas dans le département de la Seine, ou ne sont pas régulièrement tenus. Les indications médicales consignées sur les registres devraient, en outre, être plus détaillées et rédigées dans un langage moins scientifique.

M. Voisin pense, au contraire, qu'il convient de conserver à la rédaction de ces observations leur forme technique, par le motif que le langage scientifique assure seul la précision indispensable pour déterminer la maladie.

MM. Ribot et Vaney expriment le désir que l'entrée des aliénés soit mentionnée au parquet sur un registre spécial, afin que le magistrat chargé de l'inspection possède quelque document sur chacun des malades.

MM. Picot, Vaney et Voisin voudraient aussi que la préfecture de police communiquât au parquet ses dossiers, où sont classés les procès-verbaux des enquêtes faites par les commissaires de police au moment du placement. Ces pièces sont généralement rédigées avec soin. Leur communication éclairerait le médecin et les magistrats sur les antécédents du malade, sur la nature et l'historique de sa maladie. Il serait même utile de prescrire que le procès-verbal d'enquête relatif à chaque aliéné le suivît dans tout établissement où il serait envoyé.

M. Voisin voudrait que le médecin qui dirige l'établissement fût avisé à l'avance de la visite du magistrat, afin de pouvoir réunir tous ses malades et l'accompagner dans son inspection. M. Lunier admet que le médecin soit prévenu de cette visite dans les établissements publics, où sa personnalité est distincte de celle du directeur, seul responsable des séquestrations arbitraires ; mais il ne croit pas qu'il convienne d'en avertir à l'avance les directeurs d'asiles privés.

M. Dagonet n'admet, dans aucun cas, que la visite ait lieu en présence du médecin ou du directeur.

MM. Picot, Ribot et Vaney proposent de confier le service de l'inspection à la commission permanente dont l'institution est réclamée.

MM. Ribot et Picot voudraient que chaque malade fût visité tous les deux mois pendant le premier semestre qui suivra son internement, et ensuite tous les six mois.

M. Ribot exprime, en outre, la pensée que chaque aliéné devrait être visité par chacun des membres de la commission, à tour de rôle. Le membre délégué, qui devrait être toujours accompagné d'un médecin étranger à l'établissement, examinerait chaque malade séparément, et consignerait ses observations sur un registre ; ces notes seraient transcrites sur des fiches, qu'on joindrait au dossier de chaque malade.

M. Vaney voudrait que, pour éclairer l'opinion publique, la commission permanente eût le droit de publier les procès-verbaux de ses inspections régulières.

M. Dagonet imposerait aux comités de surveillance l'obligation de visiter chaque semaine tout établissement public ou privé.

Sortie. — Les visites faites par les représentants de l'autorité ont pour effet de provoquer, de la part d'un certain nombre d'aliénés, des réclamations à fin de mise en liberté. La question que soulèvent ces réclamations est toujours d'une nature fort délicate. M Vaney a vu relaxer des malades dont l'internement, à son avis, eût dû être maintenu. D'autre part, M. Lunier a fait remarquer que, sous l'empire d'une préoccupation exclusivement budgétaire, les préfets ont coutume de faire sortir des asiles, à la veille de la session des conseils généraux, un certain nombre d'aliénés non guéris, dont la plupart y rentrent dans les mois qui suivent.

M. Lunier ajoute d'ailleurs, avec M. Falret, qu'il n'est point possible de poser à cet égard de règles générales. La question de l'opportunité de la sortie est une question de malade et de milieu : tel aliéné devra être retenu ou mis en liberté, suivant ses conditions de famille et le lieu où il sera gardé et soigné, et aussi suivant le caractère de son affection.

M. Voisin constate le danger des sorties prématurées : les rechutes sont toujours plus rebelles que la maladie primitive.

M. Ribot pense qu'il y a plutôt lieu d'étendre que de restreindre le droit de saisir le tribunal afin de faire cesser l'internement : la personne séquestrée, ses parents et ses amis conserveraient ce droit, mais, pour en faciliter l'exercice, l'assistance d'un avoué cesserait d'être obligatoire. Le ministère public serait tenu de transmettre au tribunal toutes les réclamations qui lui parviennent.

En cas d'interdiction, le droit de provoquer la sortie ne devrait pas être réservé au tuteur, qui peut avoir intérêt à maintenir une séquestration inutile, mais devrait être étendu aux parents et amis, comme dans les cas où aucune interdiction n'a été prononcée. M. Picot s'associe à cette observation.

M. Picot voudrait aussi qu'en principe les réclamations à fin de sortie fussent jugées en audience publique, au lieu de l'être, comme aujourd'hui, en chambre du conseil, sauf la faculté, pour le tribunal, de prononcer le huis clos dans les cas où il le jugerait convenable.

MM. Falret, Lunier, Picot, Ribot et Vaney proposent de conférer à la commission permanente certains pouvoirs d'appréciation ou de décision, relativement à la mise en liberté des personnes internées dans les asiles d'aliénés.

M. Vaney se borne à étendre à la commission le droit, qui appartient au ministère public d'après la législation actuelle, de saisir directement la chambre du conseil, lorsque la sortie lui paraît devoir être ordonnée.

M. Ribot distingue entre les placements volontaires et les placements d'office. S'agit-il de provoquer la sortie d'un aliéné séquestré par ordre de l'autorité publique ? La commission saisira le tribunal par voie de simple requête, sans préjudice du droit qu'a le procureur de la République de s'adresser directement au tribunal. Lorsqu'au contraire le placement aura été volontaire, elle pourra ordonner la sortie, le droit de former opposition demeurant réservé à la personne qui a fait le placement, au directeur de l'établissement et au ministère public ; l'opposition serait jugée par le tribunal en chambre du conseil.

M. Picot voudrait qu'en cas d'accord entre la commission et le chef de l'établissement, la sortie fût immédiate. En cas de désaccord, la chambre du conseil serait saisie par la commission, et statuerait. Enfin, lorsque le placement aurait été opéré d'office, la commission pourrait intervenir pour s'opposer à la sortie.

MM. Garsonnet et Pagès proposent d'attribuer le pouvoir de statuer sur les réclamations de l'aliéné ou de toute autre personne, aux juridictions que chacun d'eux fait intervenir au moment du placement, c'est-à-dire M. Garsonnet, au jury, qui devrait par conséquent siéger en permanence, et M. Pagès à la chambre du conseil seule.

Sortie provisoire. — Quartiers de transition. — La question de l'établissement d'un état intermédiaire entre la séquestration et la liberté absolue, système imaginé par M. Artaud, a été agitée au cours de l'enquête.

M. Motet a fait observer qu'il paraît condamné par l'expérience, et que le congrès de Lyon l'a jugé impraticable.

M. Voisin, au contraire, pense qu'il y aurait utilité à faire sortir certains aliénés des asiles à titre d'essai, ainsi que cela se pratique en Angleterre, et à les faire traiter à domicile pendant quelque temps. Il approuve l'esprit de la Société de patronage de Grenelle, qui a fondé un ouvroir pour les femmes sortant des établissements d'aliénés, et voudrait généraliser le système de mise en liberté provisoire par la création de quartiers de transition.

Visites privées. — Quelles sont les restrictions qu'il convient d'apporter, dans les établissements d'aliénés, aux visites des particuliers? Deux médecins se sont expliqués sur ce point.

M. Motet est disposé à autoriser facilement toutes les visites, même celles des personnes étrangères à la famille du malade, à moins qu'elles ne soient signalées comme suspectes par celle qui a fait le placement, ou que l'état du malade rende ces communications dangereuses. Mais M. Motet pense qu'il y aurait des inconvénients à autoriser un ami ou un parent à se présenter dans l'établissement accompagné d'un ou de plusieurs médecins à l'effet de faire examiner le malade, ainsi que le permet la loi écossaise, qui, d'ailleurs, n'est point mise à exécution dans la pratique.

M. Blanche réserve au directeur de l'asile une liberté complète d'appréciation, même en ce qui concerne les visites des parents de l'aliéné, et n'autoriserait d'une manière générale que la visite des magistrats et autres fonctionnaires, en cas de réclamation adressée à l'autorité.

Il admettrait que, pour prévenir un isolement abusif et arbitraire, les refus de visite fussent mentionnés sur un registre spécial.

Correspondances. — En ce qui touche les correspondances, MM. Garsonnet et Motet ont exprimé le vœu qu'elles fussent entièrement libres, du moins avec les autorités et la famille de l'aliéné.

Dans l'opinion de M. Garsonnet, toutes les lettres écrites par un malade interné devraient être transmises à une commission de surveillance ou à des magistrats.

Gestion des biens de l'aliéné. — Presque tous les déposants se sont montrés préoccupés d'une question particulièrement grave, celle de la protection du patrimoine de l'aliéné séquestré. On a généralement reconnu l'insuffisance des garanties édictées par la loi de 1838, et la nécessité de porter remède, par l'institution d'un mandataire spécial, à l'indifférence ou à la cupidité de la famille. MM. Falret, Motet et Ribot ont signalé avec le plus d'insistance les abus qui se produisent dans cet ordre d'idées.

M. Vaney voudrait que toute personne qui requiert le placement d'un aliéné fût tenue de remettre au parquet une déclaration constatant la quotité de sa fortune et la nature de ses biens, afin de permettre au magistrat qui inspecte l'établissement de s'assurer que le malade est traité comme il convient à sa situation. En cas d'abus constaté, mais en cas d'abus seulement, le magistrat provoquerait la nomination d'un administrateur provisoire.

M. Pagès pense, au contraire, que tout aliéné devrait être pourvu d'un curateur dans les six mois de son placement. La nomination serait faite par la chambre du conseil, et aurait lieu même dans les cas de minorité ou d'interdiction. Ce curateur serait placé sous le contrôle de la chambre du conseil et du parquet, et devrait rendre ses comptes tous les six mois.

D'après le système que propose M. Ribot, la commission permanente devrait faire, au moment du placement, une enquête sur l'état et la composition de la fortune de la personne séquestrée; elle examinerait s'il y a lieu de provoquer la nomination d'un administrateur, ou de laisser la gestion provisoire des biens à la famille. Dans tous les cas, lorsqu'il se serait écoulé une année depuis le placement, il y aurait lieu de procéder à la nomination d'un tuteur, sur la demande de la famille ou du ministère public. L'administrateur provisoire ou tuteur serait tenu de soumettre, chaque année, à la commission permanente, un compte de sa gestion et un état de la fortune de l'aliéné. Si la commission découvrait quelque irrégularité, elle la signalerait au tribunal, qui pourrait, à la diligence du ministère public, ordonner la convocation du conseil de famille, et même prononcer la révocation de l'administrateur ou tuteur.

M. Blanche voudrait que l'administrateur provisoire fût nommé dans la semaine qui suit le placement. Il considère, d'ailleurs, l'interdiction comme la seule mesure véritablement efficace pour la protection de la fortune de l'aliéné.

Suivant M. Lunier, la commission permanente devrait jouer le rôle d'administrateur provisoire vis-à-vis de tous les aliénés qui n'ont point d'administrateur spécial. Il y aurait lieu de provoquer la nomination d'un curateur, toutes les fois que l'administrateur se trouverait être un parent. Enfin, les pouvoirs de l'administrateur pourraient recevoir quelque extension, notamment au point de vue des baux à passer.

M. Picot pense que la commission permanente pourrait instituer dans son sein une sous-commission chargée de surveiller la gestion des biens de l'aliéné, et à laquelle serait transmis un rapport que l'administrateur provisoire devrait faire, chaque année, au conseil de famille.

M. Dagonet propose d'imiter le système adopté en Suisse, et d'établir au chef-lieu de chaque département un conseil de tutelle général pour tous les aliénés; ou bien de confier l'administration provisoire au comité de surveillance créé auprès de chaque asile, et plus particulièrement au magistrat chargé d'instruire les placements.

M. Falret a rappelé que son père avait proposé d'assimiler les aliénés aux absents.

M. Motet a présenté une observation relativement à la procédure d'interdiction. Il pense que la commission permanente devrait déléguer son médecin pour assister les magistrats lorsqu'ils procèdent à un interrogatoire à fin d'interdiction, et les éclairer sur le degré d'aliénation mentale de la personne soumise à leur examen.

Régime des aliénés dits criminels. — Une dernière et importante question soulevée dans l'enquête est celle de la situation des individus qui ont commis des crimes ou des délits étant en état d'aliénation mentale, mais avant tout internement.

M. Vaney estime que l'administration ne devrait point statuer d'office sur leur sort, mais devrait appeler la justice à connaître de tous les faits délictueux commis par les aliénés.

MM. Blanche, Lunier, Motet, Pagès et Ribot voudraient que l'autorité judiciaire pût seule ordonner le placement des individus de cette catégorie.

D'après le système proposé par M. Blanche, l'administration devrait, sur le rapport des médecins experts qui constatent la folie, et sans recourir, ainsi qu'on le fait aujourd'hui, à un nouvel examen par les médecins de la préfecture de police, effectuer le placement dans un asile.

M. Pagès réserverait le droit de placement des aliénés dits criminels à la chambre du conseil et à la chambre des mises en accusation, ou bien au jury spécial, s'il était institué.

Quant à la sortie des aliénés de cette classe, on s'est accordé à reconnaître qu'elle ne devait être ordonnée qu'avec une extrême rérerve. M. Blanche a rappelé que, suivant Esquirol, tout **aliéné meurtrier** est incurable, et que les exemples qui viennent à l'appui de cette thèse sont malheureusement trop fréquents. M. Ribot a fait observer que, dans les cas d'alcoolisme, les récidives sont nombreuses.

MM. Motet et Vaney ont aussi fait remarquer combien il est fâcheux que les aliénés qui ont commis des crimes ou des délits soient quelquefois remis en liberté après un internement de quelques jours, sans que l'autorité judiciaire en soit avisée. Les directeurs des asiles dans lesquels ces individus sont conduits ignorent souvent les faits qui les concernent : la sortie est ordonnée dès que l'accès a cessé, et l'on apprend peu de temps après qu'un nouveau crime a été commis.

MM. Blanche, Dagonet, Motet, Picot, Ribot et Vaney voudraient qu'aucun aliéné de cette espèce ne pût être rendu à la liberté sans l'intervention de la justice.

La sortie ne devrait avoir lieu, suivant M. Blanche, que sur l'avis d'un médecin nommé par le tribunal saisi de la réclamation.

M. Falret propose de conférer à la commission permanente le pouvoir de libérer même les aliénés dits criminels.

Convient-il de créer des asiles spéciaux pour cette catégorie d'aliénés, comme en Angleterre ?

M. Falret ne le pense pas. MM. Motet et Ribot, au contraire, approuveraient cette mesure.

M. Blanche considère que cette concentration, dans un seul et même établissement, des aliénés ayant commis des crimes ou des délits, aurait le caractère d'une mesure peu humaine. Il préférerait qu'on leur consacrât une division spéciale dans chaque asile public, ainsi que cela a lieu à Bicêtre, suivant l'observation de M. Voisin.

M. Dagonet voudrait qu'on internât également dans un quartier spécial de chaque asile les individus qui sont atteints de folie après leur condamnation, et pendant qu'ils subissent leur peine, au lieu de les laisser confondus avec les aliénés ordinaires, au milieu desquels leur présence est gênante et peu convenable.

M. Lunier demande la création d'asiles spéciaux dans lesquels seraient internés les individus qui deviennent aliénés après une condamnation prononcée, ceux qui, inculpés de crimes ou de délits, ont fait l'objet d'une ordonnance de non-lieu à raison de leur état mental, et enfin les aliénés indisciplinés.

Indépendamment de ces questions, qui sont, pour la plupart, du domaine législatif, quelques déposants en ont abordé qui ont un caractère plutôt administratif ou médical.

M. Dagonet voit des inconvénients à la réunion des fonctions de médecin et de directeur dans la même main. D'autre part, la coexistence de deux autorités distinctes et parallèles peut créer des situations fausses et amener des conflits. Il voudrait donc voir préposer à chaque établissement un médecin responsable, assisté de médecins adjoints, et ayant sous ses ordres un économe administrateur.

M. Voisin demande que l'étude des maladies mentales figure sur le programme des connaissances exigées pour le doctorat en médecine.

Ces questions peuvent être résolues par voie de réglementation.

PROJET DE LOI.

Article premier. — Les articles 3, 4, 7, 8, 9, 11, 14, 15, 16, 22, 23, 24, 29, 30, 31, 32, 33 et 38 de la loi du 30 juin 1838 (1) sont abrogés et remplacés par les dispositions suivantes :

Art. 3. — *Les établissements privés consacrés aux aliénés sont placés sous la surveillance de l'autorité publique.*

Sera considérée comme rentrant dans la classe de ces établissements toute maison dans laquelle un ou plusieurs aliénés seraient soignés moyennant une rétribution.

Art. 4. — Il sera institué, au chef-lieu de chaque arrondissement, où il existe un établissement consacré aux aliénés, une commission permanente composée de deux médecins désignés chaque année par le tribunal civil, du procureur de la République ou d'un substitut délégué par lui, d'un avocat ou d'un avoué désigné par le conseil de discipline, d'un notaire désigné par la chambre des notaires, et d'un membre du conseil général désigné par ce conseil.

Dans tous les cas, il y aura au moins une commission par département. Les arrondissements où, d'après les dispositions précédentes, il ne sera pas institué de commission, seront rattachés à l'arrondissement le plus voisin.

A Paris, le nombre des médecins sera de quatre, celui des substituts de trois, celui des avocats, ainsi que celui des notaires, des avoués et des conseillers généraux, de deux.

La commission élira son bureau. — Tous les documents concernant les aliénés dans l'arrondissement lui seront adressés et seront déposés dans ses archives.

Indépendamment des attributions spéciales qui lui sont conférées par les articles 7, 9, 11, 15, 16, 22, 23, 29, 31, 32, 33 et 38, la commission permanente est chargée de visiter les établissements publics et

---

(1) Les dispositions de la loi de 1838 qui se trouvent reproduites dans les nouveaux articles y figurent en lettres italiques.

privés de l'arrondissement, sans préjudice des inspections administratives organisées par l'autorité supérieure, qui continueront de fonctionner. Chacun de ces établissements sera visité, une fois au moins par semestre, par deux membres, dont un médecin : ils recevront les réclamations des personnes intéressées, prendront à leur égard tous renseignements propres à faire connaître leur position, et consigneront le résultat de leurs observations dans un rapport dont il sera donné lecture à la commission.

Le préfet et les personnes spécialement déléguées à cet effet par lui ou par le ministre de l'intérieur, le président du tribunal, le procureur de la République, le juge de paix et le maire de la commune conserveront le droit de visiter lesdits établissements, toutes les fois qu'ils le jugeront convenable. Ils communiqueront à la commission les observations que ces visites leur auront suggérées.

Aucun aliéné domicilié en France ne pourra être placé dans un établissement public ou privé en pays étranger, sans une déclaration préalable à la commission permanente.

Art. 7. — *Les règlements intérieurs des établissements publics* ou privés *consacrés, en tout ou en partie, au service des aliénés, seront, dans les dispositions relatives à ce service,* soumis à l'approbation du ministre.

Les directeurs de ces établissements pourront refuser d'admettre auprès d'un aliéné les particuliers qui viendraient pour le visiter, toutes les fois qu'ils jugeront ces communications préjudiciables à la santé du malade. Tout refus de cette nature devra être mentionné sur un registre spécial, avec indication des causes qui l'auront motivé.

Les lettres adressées aux aliénés ou écrites par eux ne pourront être retenues par les directeurs des établissements, qu'à la condition d'être communiquées sans retard au bureau de la commission permanente, lequel pourra ordonner leur remise au destinataire après avoir entendu les observations du directeur et du médecin.

Art. 8. — Les trois premiers paragraphes comme en l'article actuel.

Si la demande d'admission est formée par le tuteur d'un interdit, il devra fournir à l'appui un extrait du jugement d'interdiction, *et en outre, dans le délai de quinze jours, un extrait de la délibération du conseil de famille prise en vertu de l'art. 510 du C. civ.*

Art. 9. — Pareil bulletin sera transmis, par les directeurs des établissements publics ou privés, dans les vingt-quatre heures du placement, au secrétariat de la commission permanente. Dans les trois jours de la réception de cette pièce, deux membres de la commission, dont un médecin, se transporteront auprès de la personne qui y est désignée, à l'effet de constater son état mental.

Cette visite sera renouvelée tous les deux mois, pendant le premier semestre qui suivra l'admission ; à partir du second semestre, elle n'aura plus lieu que tous les six mois. Le résultat de ces visites sera consigné sur le registre de l'établissement, ainsi que dans un rapport qui sera joint au dossier du malade, au secrétariat de la commission.

Art. 11. — Huit *jours après le placement d'une personne dans un établissement public ou privé, il sera adressé préfet* et au secrétariat de la commission permanente, *conformément à* l'avant-*dernier paragraphe de l'article* 8 et au premier paragraphe de l'article 9, *un nouveau certificat* détaillé *du médecin de l'établissement...* Le reste comme en l'article actuel.

Art. 14. — Les trois premiers paragraphes comme en l'article actuel.

La sortie pourra être requise par chacune des personnes ci-dessus désignées, même en cas de minorité ou d'interdiction.

Art. 15. — *Dans les vingt-quatre heures de la sortie, les chefs, préposés ou directeurs en donneront avis aux fonctionnaires désignés dans* l'avant-*dernier paragraphe de l'article* 8, ainsi qu'au secrétariat de la commission permanente... Le reste comme en l'article actuel.

Art. 16. — Le procureur de la République *pourra toujours*, sur l'avis conforme de la commission permanente, *ordonner la sortie immédiate des personnes placées volontairement dans les établissements d'aliénés.* Cet ordre sera notifié à la personne qui aura signé la demande d'admission et au directeur de l'établissement, lesquels pourront former opposition dans les vingt-quatre heures de la notification. L'opposition sera jugée par le tribunal civil en chambre du conseil.

Art. 22. — La commission permanente sera informée, dans les vingt-quatre heures, de tout placement ordonné d'office par l'autorité administrative. Il sera procédé par ses soins, ainsi qu'il est dit à l'article 9, à la visite des personnes qui auront fait l'objet de cette mesure.

Le reste comme en l'article actuel.

Art. 23. — *Si, dans l'intervalle qui s'écoulera entre les rapports ordonnés par l'article 20, les médecins déclarent, sur le registre tenu en exécution de l'article 12, que la sortie peut être ordonnée sans danger, les chefs, directeurs ou préposés responsables des établissements seront tenus, sous peine d'être poursuivis conformément à l'article 30 ci-après, d'en référer aussitôt* à la commission permanente, qui pourra procéder ainsi qu'il est dit à l'article 29.

Art. 24. — Les quatre premiers paragraphes comme en l'article actuel.

Un règlement d'administration publique déterminera les conditions d'organisation et de fonctionnement des quartiers d'observation qui devront être annexés à chaque établissement public ou privé, ou créés au chef-lieu des départements où il n'existe pas d'établissement public.

Art. 29. — Le premier paragraphe comme en l'article actuel.

Les personnes qui auront demandé le placement, le procureur de la République et tout autre membre de la commission permanente, *pourront se pourvoir aux mêmes fins.*

Le troisième paragraphe, supprimé.

Le quatrième et le cinquième paragraphe, comme en l'article actuel.

Aucunes requêtes, aucunes réclamations adressées, soit à l'autorité judiciaire, soit à l'autorité administrative, soit à la commission permanente, *ne pourront être supprimées ou retenues par les chefs d'établissements, sous les peines portées au titre III ci-après,* article 41.

Art 30. — *Ajouter aux mots :* par le préfet, *ceux-ci :* ou par le procureur de la République.

Art. 31. — Toute personne qui aura demandé le placement d'un aliéné non interdit dans un établissement public ou privé, devra, dans le délai d'un mois, adresser à la commission permanente une déclaration établissant la quotité de la fortune de la personne placée et la nature de ses biens. La commission pourra ordonner les vérifications nécessaires et décidera, s'il y a lieu, de laisser la gestion des biens à la famille ou de provoquer la nomination d'un administrateur provisoire.

Cette nomination sera faite, conformément à l'article 497 du Code civil, en chambre du conseil, et après délibération du conseil de famille, par le tribunal civil du lieu du domicile et à la requête soit du procureur de la République, après l'avis conforme de la commission permanente, soit de l'époux, de l'épouse ou des parents. Elle ne sera pas sujette à l'appel.

L'administrateur ainsi désigné procédera au recouvrement des sommes dues et à l'acquittement des dettes, passera des baux qui ne pourront excéder neuf ans et pourra même, en vertu d'une autorisation spéciale accordée par le président du tribunal civil, faire vendre le mobilier. Il pourra, avec l'autorisation du conseil de famille, accepter sous bénéfice d'inventaire toute succession échue à l'aliéné et provoquer un partage ou répondre à une demande en partage.

Il sera tenu de soumettre chaque année un compte de sa gestion à la commission permanente qui devra signaler au procureur de la République les irrégularités qu'elle y découvrira. Ce compte sera communiqué, sur leur demande, aux parties intéressées. Le tribunal pourra, à la requête du procureur de la République ou des parties intéressées, prononcer la révocation de l'administrateur provisoire.

Seront également applicables au tuteur, en cas d'interdiction, les dispositions du paragraphe précédent.

Art. 32. — Les commissions administratives ou de surveillance des hospices ou établissements publics d'aliénés exerceront, à l'égard des personnes non interdites qui y seront placées, les fonctions d'administrateurs provisoires.

Elles désigneront un de leurs membres pour les remplir; l'administrateur ainsi désigné aura tous les pouvoirs et sera soumis à toutes les obligations indiquées dans l'article précédent. Les sommes provenant soit de la vente du mobilier, soit des autres recouvrements, seront versées directement dans la caisse de l'établissement, et seront employées, s'il y a lieu, au profit de la personne placée dans l'établissement. Le cautionnement du receveur sera affecté à la garantie desdits deniers, par privilége aux créances de toute autre nature. — Néanmoins l'époux, l'épouse ou les parents, la commission administrative et le procureur de la République, sur l'avis conforme de la commission permanente, pourront toujours provoquer la nomination par le tribunal d'un administrateur provisoire, conformément à l'article précédent.

Art. 33. — *Le tribunal, sur la demande de l'administrateur provisoire ou de la commission permanente, ou à la diligence du procureur de la République, désignera un mandataire spécial...* Le reste comme en l'article actuel.

Art. 38. — *Sur la demande de l'intéressé, de l'un de ses parents, de l'époux ou de l'épouse, d'un ami,* de la commission permanente, *ou sur la provocation, d'office, du procureur de la République, le tribunal pourra nommer en chambre du conseil......* Le reste comme en l'article actuel.

Article II. — Les dispositions suivantes, qui formeront les articles 42, 43 et 44, sont ajoutées à la loi du 30 juin 1838 :

Art. 42. — Les contraventions aux dispositions du cinquième paragraphe de l'article 4, qui seront commises par des médecins ou toutes autres personnes, seront punies d'une amende de 50 francs à 3,000 francs. Il pourra être fait application de l'article 463 du Code pénal.

Art. 43. — Un règlement d'administration publique, qui devra être rendu dans le délai d'une année, déterminera les conditions d'organisation et de fonctionnement d'asiles spécialement réservés au placement des aliénés qui auront commis des crimes ou des délits. Il pourra ordonner, suivant les circonstances, la création, dans les établissements publics actuellement existants, de quartiers distincts, spécialement affectés à cette destination.

Tout directeur d'un établissement public pourra solliciter de l'administration, sur l'avis conforme de la commission permanente, le transfert dans un de ces asiles ou quartiers spéciaux de tout aliéné dont l'état serait de nature à compromettre la sécurité du personnel de l'établissement.

Art. 44. — Toutes les fois que l'état de démence d'un individu inculpé d'un fait qualifié crime ou délit par la loi aura motivé en sa faveur soit une ordonnance de non-lieu, soit un jugement ou un arrêt d'acquittement, les pièces de la procédure seront transmises sans retard à la chambre d'accusation, laquelle pourra ordonner que cet individu sera conduit dans un des asiles ou quartiers spéciaux énoncés en l'article précédent.

En cas d'arrêt de non-lieu, il pourra être statué de même par la chambre d'accusation.

Lorsque, dans un débat criminel, il se sera élevé un doute sur l'état mental d'un accusé, le président avertira le jury que s'il pense, à la majorité, que l'accusé reconnu coupable était en état de démence au temps de l'action, il doit en faire la déclaration en ces termes : « A la majorité, l'accusé N. était en état de démence. »

Dans ce cas, la cour prononcera l'acquittement de l'accusé et pourra ordonner qu'il sera conduit dans un des asiles ou quartiers spéciaux énoncés en l'article précédent.

La sortie d'un aliéné ainsi placé ne pourra avoir lieu qu'après une décision de la chambre d'accusation, qui devra toujours commettre préalablement un ou plusieurs médecins pour procéder à l'examen de son état mental.

Ce projet de loi, après avoir été soumis à la discussion dans les séances de la Commission des 10 et 20 avril et 1er mai 1872, a été adopté, dans son ensemble et sous réserve de quelques détails, par MM. Ernest Bertrand, Barboux, Blanche, Brierre de Boismont, Dagonet, Demongeot, Georges Dubois, Falret, Gonse, Lunier, Motet, Georges Picot, A. Ribot et Vaney.

Plusieurs membres de la Commission ont en outre exprimé les vœux suivants, au sujet de différents articles de la loi de 1838 :

Au sujet de l'article 1, M. Lunier voudrait : 1° que les dépenses du service des aliénés redevinssent obligatoires, au lieu d'être facultatives comme elles le sont depuis la loi de 1866 sur les conseils généraux ; 2° que les traités passés avec les établissements publics ou privés fussent approuvés par le ministre de l'intérieur et non par le préfet, qui statue seul depuis le décret de décentralisation de 1852.

Au sujet de l'article 4 nouveau, M. Bertrand demande qu'il soit intercalé un article additionnel ainsi conçu :

Article 4 *bis*. — Il sera institué au ministère de l'intérieur une commission supérieure composée de onze membres. Les inspecteurs généraux des maisons d'aliénés, le secrétaire général du ministère de la justice, le bâtonnier des avocats à la Cour d'appel, le premier président et le procureur général de cette Cour en feront nécessairement partie ; les autres membres seront nommés par le ministre de l'intérieur.

Cette commission sera chargée de la surveillance générale des maisons d'aliénés dans toute la France et de la centralisation des travaux des commissions permanentes départementales. Tous les six mois, chacune de ces commissions permanentes devra transmettre à la commission supérieure un rapport constatant les résultats des visites faites par ses membres dans le semestre et signalant, outre les faits généraux ou particuliers relatifs aux aliénés, les améliorations qu'il paraîtrait utile d'apporter aux règlements sur le régime des maisons d'aliénés.

Chaque année la commission résumera ces rapports semestriels et ses propres observations dans un rapport général adressé au ministre de l'intérieur. Ce rapport sera déposé par le ministre sur le bureau de l'Assemblée nationale dans le mois qui en suivra la réception ou dès l'ouverture de la session.

Au sujet de l'article 5, M. Lunier demande que les départements soient tenus de contribuer, dans une mesure qui sera déterminée, aux dépenses nécessitées par la création des commissions permanentes.

M. Lunier exprime en outre le vœu que le service des aliénés soit centralisé, comme celui des enfants assistés.

M. Blanche voudrait qu'il fût créé au ministère de l'intérieur une direction générale du service des aliénés.

Enfin M. Lunier demande que l'autorisation des établissements privés d'aliénés ne puisse être accordée que par le ministre, et non par le préfet.

Au sujet de l'article 8, M. Bertrand voudrait que le certificat du médecin constatant l'état mental de la personne à placer indiquât : 1° les jours et heures de ses visites; 2° les déclarations à lui faites sur les faits antérieurs; 3° les faits observés par lui; 4° les particularités de la maladie; 5° si elle paraît curable ou incurable; 6° la nécessité de faire traiter la personne désignée dans un établissement d'aliénés et de l'y tenir enfermée.

M. Blanche pense que le certificat du médecin devrait, au moins, contenir l'indication des motifs qui rendent nécessaire le placement, d'après les résultats de l'examen direct fait par le médecin.

Au sujet de l'article 14, M. Bertrand propose l'addition d'une disposition ainsi conçue :

> Dans le cas où il se sera écoulé une année de séjour dans l'établissement sans que la guérison ait été obtenue, un examen et une enquête spéciale seront faits par la commission permanente pour constater s'il y a lieu de maintenir la séquestration, soit à raison de la santé et de l'état mental du malade, soit à raison d'autres circonstances particulières. Cette enquête sera renouvelée à l'expiration de chaque année ; il en sera dressé procès-verbal. Si la commission est d'avis qu'il y a lieu de faire cesser la séquestration, elle transmettra le procès-verbal et les pièces au procureur de la République qui procédera ainsi qu'il est dit en l'article 16.

Au sujet de l'article 17, M. Lunier voudrait qu'on avisât au moyen de rendre possible la sortie d'une personne interdite, même en cas de refus du tuteur de la reprendre.

Au sujet de l'article 18, M. Lunier voudrait qu'aucun placement d'office ne pût avoir lieu sans un certificat de médecin.

Au sujet de l'article 18, M. Lunier voudrait que les maires et commissaires de police fussent autorisés à faire conduire directement les aliénés, sous leur responsabilité personnelle, aux dépôts ou quartiers d'observation.

M. Dagonet demande la suppression de l'article 20, comme étant inutile.

M. Lunier exprime le vœu que le rôle respectif des médecins et des directeurs des asiles publics soit mieux déterminé et que l'autorité médicale ne soit pas subordonnée à l'autorité administrative.

MM. Pagès, Vaney et Ribot demandent que les asiles publics de Ville-Évrard et de Vaucluse, créés et entretenus par le département de la Seine, soient rattachés, en ce qui concerne la surveillance et l'inspection, au département de la Seine.

MM. Lunier et Jozon demandent que la question du domicile de secours soit soumise à une étude nouvelle pour les aliénés comme pour les indigents.

Enfin M. Bertrand exprime le vœu qu'un règlement général d'administration publique soit fait pour coordonner tous les règlements, instructions et circulaires relatifs aux aliénés.

TABLE.

	Pages.
Séance du 22 décembre 1871.	1
Déposition de M. Vaney.	2
— M. Ribot.	6
— M. Motet.	11
Séance du 26 décembre 1871.	16
Déposition de M. Blanche.	16
— M. Pagès.	23
Séance du 6 janvier 1872.	26
Déposition de M. Voisin.	26
— M. Dagonet.	32
Séance du 20 janvier 1872.	45
Déposition de M. Falret.	45
— M. Picot.	50
Séance du 24 janvier 1872.	54
Déposition de M. Garsonnet.	54
Incident relatif au capitaine B.	58
Déposition de M. Lunier.	59
Résumé de l'enquête.	66
Projet de loi.	82

SECRÉTARIAT GÉNÉRAL.

Le Secrétaire général prie instamment les membres qui ont l'intention de prendre une part active aux travaux de la Société, de vouloir bien se rendre au siége de la Société, 64, rue Neuve-des-Petits-Champs, où ils seront reçus tous les vendredis, de trois heures à cinq heures.

EXTRAIT DES STATUTS.

I. Une Société est instituée sous le nom de *Société de législation comparée*.

II. Elle a pour objet l'étude des lois des différents pays et la recherche des moyens pratiques d'améliorer les diverses branches de législation.

III. Elle nomme des correspondants à l'étranger.

IV. Elle ne vote sur aucune question.

V. On ne peut faire partie de la Société qu'après avoir été admis par le Conseil, sur la présentation d'un Sociétaire.

VI. Les membres résidant à Paris payent une cotisation annuelle de 20 francs.

Cette cotisation est de 10 francs pour les membres résidant en province.

XIV. Les séan. . de la Société ont lieu au moins tous les mois.

CONSEIL DE DIRECTION POUR L'ANNÉE 1872.

Président :

M. RENOUARD, embre de l'Institut, procureur général à la Cour de cass, on.

Vice-Présidents :

MM. ALLOU, avoc à la Cour d'appel, ancien bâtonnier de l'Ordre.
REVERCHON, avocat général à la Cour de cassation.
GREFFIER, conseiller à la Cour de cassation.
AUCOC, conseiller d'État.

Membres du Conseil :

MM. BALLOT, avocat à la Cour d'appel.
BATBIE, professeur à la Faculté de droit, membre de l'Assemblée nationale.
BARBOUX, avocat à la Cour d'appel.
BERTRAND (Ernest), conseiller à la Cour d'appel.
BUFNOIR, professeur à la Faculté de droit.
DESJARDINS (Albert), agrégé à la Faculté de droit, membre de l'Assemblée nationale.
GARNIER (Joseph), secrétaire général de la Société d'Économie politique.
GIDE, professeur à la Faculté de droit.
GROUALLE, ancien président de l'Ordre des avocats à la Cour de cassation.
HÉLIE (Faustin), membre de l'Institut, président à la Cour de cass.
HÉROLD, conseiller d'État.
JOZON, avocat à la Cour de cassation, membre de l'Assemblée nationale.
LAMÉ-FLEURY, conseiller d'État.
LUNIER, inspecteur général des établissements d'aliénés.
PICOT (Georges), juge au tribunal de la Seine.
VALLÉE (Oscar de), anc. conseiller d'État, avocat à la Cour d'appel.

Secrétaire Général :

M. RIBOT (Alexandre), substitut au tribunal de la Seine.

www.ingramcontent.com/pod-product-compliance
Lightning Source LLC
LaVergne TN
LVHW050556090426
835512LV00008B/1189